探簋雅故 格物致知

Exploring Ancient Literature and Archaeological Objects, Searching for Underlying Principles

探篹雅故 格物致知

Exploring Ancient Literature and Archaeological Objects, Searching for Underlying Principles

2019 中国古代服饰研究论坛文集

Ancient Chinese Costume Research Forum

主　编・马胜杰　贾荣林

中国纺织出版社有限公司 | 国家一级出版社 全国百佳图书出版单位

内容提要

2019年11月9日，“探纂雅故，格物致知——中国古代服饰研究论坛”在北京服装学院隆重举办，由项目支持（科技创新服务能力建设——高精尖学科建设）。论坛以“探纂雅故，格物致知”为学术宗旨，推究义理制度，考订名物典章，探索中国古代服饰研究方法，交流最新学术研究成果，汇聚学术智慧，激发真知灼见。本论文集汇集了论坛十位特邀嘉宾——中国国家博物馆研究馆员孙机先生、清华大学彭林教授、北京大学赵冬梅教授、韩国安东大学李恩珠（Lee Eunjoo）教授、中国社会科学院黄正建研究员、黑龙江省文物考古研究所赵评春研究员、日本独立学者鸟丸知子（Tomoko Torimaru）、清华大学美术学院尚刚教授、浙江工业大学袁宣萍教授、西南大学陈宝良教授的论文。

图书在版编目（CIP）数据

探纂雅故，格物致知：2019中国古代服饰研究论坛文集 / 马胜杰，贾荣林主编. —北京：中国纺织出版社有限公司，2021.2

ISBN 978-7-5180-8065-6

Ⅰ. ①探… Ⅱ. ①马… ②贾… Ⅲ. ①服饰—研究—中国—古代 Ⅳ. ① K875.24

中国版本图书馆 CIP 数据核字（2020）第 209760 号

策划编辑：谢婉津　郭慧娟　　　责任编辑：郭慧娟
责任校对：楼旭红　　　　　　　责任印制：王艳丽

中国纺织出版社有限公司出版发行
地址：北京市朝阳区百子湾东里 A407 号楼　邮政编码：100124
销售电话：010 — 67004422　传真：010 — 87155801
http://www.c-textilep.com
中国纺织出版社天猫旗舰店
官方微博 http://weibo.com/2119887771
北京华联印刷有限公司印刷　各地新华书店经销
2021 年 2 月第 1 版第 1 次印刷
开本：889 × 1194　1/16　印张：9.5
字数：136 千字　定价：98.00 元

序

PREFACE

探篹[1]雅故，格物致知

——北京服装学院中国古代服饰研究范式述要

贾荣林

中国古代服饰是中华优秀传统文化的重要组成部分，服饰既是一个民族物质文明的反映，也是一个民族精神文明的载体。从“献衣绣裳”的五彩盛装，到“纲纪四方”的服饰规制；从“玉之比德”的君子情操，到“正其衣冠”的文质释礼；从汉乐府的“湘绮为下裙，紫绮为上襦”的浅吟清唱，到“章纹图样”的尊卑等级。可以说，中国古代服饰不仅承载着华夏民族最深沉的精神追求，体现着人们在世代生活中形成的世界观、人生观、审美观，并且在古代营建国家文化、塑造国家形象层面上也发挥着非常重要的作用。

中国历史上曾发生过四次重大的服饰变革。孙机先生的观点认为第一次大的服饰变革发生在战国时期，催生变革的直接原因是战争。北方游牧民族发明了裤子和长靴，穿着这种“胡服”骑马射猎作战，动作灵活方便。赵武灵王推行“胡服骑射”，将宽袖长衣的服装改良为衣短袖窄的胡服，提升了军事作战能力。后至汉代，上衣下裳连属而成的深衣形制也开始出现。第二次服饰大变革出现在南北朝时期，为推动民族融合，北魏孝文帝推行政治改革，从语言到服饰进行全盘“汉化”，隋唐时代南北一统，服饰却出现了“双轨制”：一类继承了北魏改革后的汉式服装，用作冕服、朝服等礼服和较朝服简化的公服。另一类则继承了北周、北齐改革后的圆领缺骻袍和幞头，用作平日

[1] “篹”通“撰”，“探篹”即探究编次。——出版者注

的常服。两套服装并行不悖，互相补充。第三次服饰大变革是在明清易代之际，清朝统治者推行“剃发易装”之令，明代的汉家衣冠被强令废止，后为缓解民族矛盾虽然实行“十从十不从”的民族政策，但服装形制、配伍等都发生了巨大变化。第四次服饰大变革发生在民国之后，延续数千年的“衣冠之治”解体，中山装、西装代替了此前的长袍马褂，改良旗袍出现，这一时期男女服饰都发生了“从头到脚”的重大变革。此后至今，中国服装与世界潮流大体趋同。

中国古代服饰研究涉及多个学科与领域，已有的研究涵盖服饰通史、服饰断代史、服饰考古与文物、服饰文化专题等内容，但相较于中国丰厚的服饰文明宝库，现有的工作还远远不够。这不仅需要多学科、多领域的研究人员交叉合作，还需要从多视角，应用多方法展开研究。通过对中国古代服饰全面整理、研究和传播，还原中华服饰的本来面貌，展现中华民族的整体形象，坚定文化自信，为当下的服饰创新设计扎稳根基，这项工作意义深远重大。

北京服装学院近年来以“探篡雅故，格物致知”为学术宗旨，推究义理制度，考订名物典章，不断探索中国古代服饰研究方法，交流最新学术研究成果，开辟出独具特色的研究体系与范式。

一、在研究体系构建层面

通过顶层设计、特聘学术顾问、设立专门研究机构等方式构建中国古代服饰研究宏观体系。自2017年开始，由北京服装学院校党委书记、中国服饰文化研究院院长马胜杰发起“中华民族服饰文化研究”工程，联合中国社会科学院历史研究所、考古研究所、民族学与人类学研究所、国家博物馆等多家权威机构共同开展中华民族服饰文化研究。该工程践行近三年以来，在人才培养、科学研究、社会服务、文化传承、国际合作与交流等方面均取得了突出成效。在工程的孵化下，我校获批多项国家级课题，如2018年获批国家社科基金艺术学重大项目——中华民族服饰文化研究等。为提升学术水平，引领科学研究，我校特别聘请中国国家博物馆研究馆员、国家文物鉴定委员会副主任委员、中央文史研究馆馆员、文物考古学家、物质文化史专家孙机先生担任学术顾问。孙机先生心系北服，精诚投入，殷切之情令后辈敬仰与感动。此外，学校坚持需求导向和问题导向，服务于国家重大需求，专门成立中国服饰文化研究院、艺术文化研究院、敦煌服饰文化研究暨创新设计中心等部门，组建一批高水平、有实力、有视野的教师团队，不断推进科研组织模式创新，健全科研机制，优化资源配置，持续提升学术研究水平。

二、在服饰研究方法层面

一方面根据研究内容分别从各学科视角对中国古代服饰进行考据与解析；另一方面立足中国古代服饰的个别性与特殊性，跨学科整合基础理论与研究方法，建构中国古代服饰研究的方法体系。具体的研究方法，以考据学与史论学为基础，采用经沈从文先生实践应用证实的二重证据法，该方法最早由王国维先生提出，是运用“地下之新材料”（考古资料）与古文献记载相互印证，以考据古代历史文化。陈寅恪先生评价这种方法可“示来者以轻轨”。同时，采取国际前沿的物质文化研究方法，运用多学科的理论、方法和成果，将服饰文化置于社会背景、风俗习惯、价值观念、宗教意识、经济发展与艺术审美等社会文化大背景中进行综合研究。此外，聘请中国社会科学院考古研究所王亚蓉研究员纺织考古团队，开展文物修复与保护研究工作，利用新技术、新手段，结合数据测绘记录的方式整理服饰文物资料，强调史料收集的完整性和可应用性，特别注重对最新考古成果的利用和研究。

三、在具体研究内容层面

重视古代服饰研究的历时性和空间性。在纵向轴上，以历史沿革的方式探寻服饰通史研究，以及同一服饰文化现象在不同时间上的演化轨迹，如始于汉代的进贤冠在唐代和明代的传承与改变等；在横向轴上，开展基于每个历史时期的断代服装史和以同一时期不同地域、不同人群为对象的研究，解决当下服饰史断代研究力量不均衡的问题，如研究成果相对匮乏的先秦、魏晋南北朝、辽金元等时期，其服饰研究亟待深入。研究重点还包括华夏汉民族服饰在中华服饰文明序列中的主体地位问题、服饰与礼仪的关系问题、中国与域外民族服饰文化交流问题、服饰文物保护与修复问题、中国古代服饰的传承和创新问题等。

四、在学术交流互动层面

通过学术研讨会、论坛、专题讲座、课程建设等方式推动中国古代服饰学术交流。学校于2018年举办首届中华民族服饰文化国际研讨会，并于2019年举办中国古代服饰研究论坛，邀请国内外不同专业领域的院校、科研院所的专家学者与会，共享学术真知灼见，交流研究前沿成果，不断激发学术火花与亮点。我校相关研究机构与部门，多次组织专题系列讲座，涉及服饰礼仪、服饰文物考古、图像研究、传承创新等方面，内容丰富。此外，还通过课程建设方式，打造“中国服装史”精品课程，如2019年孙机先生、赵连赏研究员在我校开设《中国服装史》通史公开课，面向全校教师、博士研究生、硕士研究生等授课，极大提升了教学水平和教学特色。

温故而知新。北京服装学院本着“探篡雅故，格物致知”的宗旨寻源溯本，开展中国古代服饰研究，并以古人之规矩，开自己之生面，积极开展服饰传承和创新，进行创造性转化。2019年是北京服装学院建校60周年，我校60年的发展之路，是一条以衣载道、弘美扬善之路。在这一过程中，我校集结了国内相关科研院所、高校、博物馆、产业等领域的领军人才和专家，搭建起服饰文化研究领域首个整合多平台的综合研究团队。研究与弘扬中国古代服饰文化，是时代赋予我们每个人的使命。构建服饰文化学术交流平台，是北京服装学院担当的责任。未来期待通过大家共同的努力，不断汇聚学术智慧，激发真知灼见，坚定文化自信，推动中华民族服饰文化研究的精深发展。

贾荣林，北京服装学院，校长，教授

目录
CONTENTS

01 名称依旧，形制全非
——举中国服饰史的几个例子

孙机

摘　要 | 研究文物要将实物与文献记载相结合，了解其产生和演变过程，并与当时的社会生活及历史相关联。本文选取几个服饰方面的例子——冠、金紫、霞帔，对其形制变迁进行了追踪，以正现今个别考古报告及学者对其形制使用存在的误解。从《礼记·冠义》等文献来看，冠是具备礼仪性的发罩。帽子在上古时代有身份的人及庶民均不佩戴，巾帻则与现代的帽子相近。西汉后期冠和帻形成了整体。汉唐两代所指"金紫"完全不同，汉朝指金印紫绶，唐代则指紫袍和金鱼袋。帔在唐代质地飘逸，而宋代将帔帛稳住以"行莫摇裙"，清代"霞帔"则发展为坎肩。

关键词 | 名称、形制、中国服饰史

Changeless Names, Changeable Forms
——Examples in Chinese Costume History

Sun Ji

Abstract: A research into cultural relics calls for the combination of objects with literature, comprehension of the evolution and association with the historical social life. This article takes Guan, Jinzi and Xiapei as examples in costumes and accessories, through tracing their transformation, to rectify mistakes in archeological reports and scholars' misunderstandings. As illustrated in such literature as *Book of Rites: The Meaning of Headgear* (*Li Ji: Guan Yi*), Guan was served as an etiquette capping, hats were neither worn by patricians or plebeians in remote ages, and Jinze was quite similar to what modern headgear suggests. Guan and Ze were combined into one in late Xi Han dynasty. As for Jinzi, it referred to gold stamps with purple ribbons in Han dynasty while purple robes and goldfish pouches in Tang dynasty. Pei was the one in flowing style in Tang, “keeping static while in motion” in Song , with Xiapei evolved into waistcoat in Qing dynasty.

Keywords: names, forms, Chinese costume history

研究文物，先得真正认识它，它的原名是什么，不能只称之为“三足器”“方形器”等。要将实物和文献记载相结合，了解其产生和演变的过程，知根知底，这样才能将它和当时的社会生活挂上钩，和历史挂上钩。不然，时代一变，形制一变，就完全说不清楚了。

下面举几个服饰方面的例子。

一、冠

《礼记·冠义》说：“冠者礼之始也。”《论衡·讥日》说：“在身之物，莫大于冠。”对冠很重视。现代口语中也保留着冠的名称，如言“免冠”之类。但现代人戴的大都是帽子，与古代的冠完全不同。冠是适应束发为髻的发型而产生的，它原是加在髻上的发罩。所以《白虎通义·衣裳篇》称之为“巻持发”之具，《释名·释首饰》称之为“贯韬发”之具。它是和发髻组合在一起的，两面透空。《淮南子·人间》说：冠“寒不能暖，风不能障，暴不能蔽”（图1），的确如此，而帽子在上古时代被视为“小儿及蛮夷头衣也”（《说文》）（图2）。不但有身份的人不戴，庶民也不戴。《释名·释首饰》说：“二十成人，士冠，庶人巾。”巾指巾帻。《独断》：“帻，古者卑贱执事不冠者之所服。”帻与现代的帽接近，在汉代，它又分两种，一种顶上高起来的，叫介帻或屋帻，另一种顶上较平，叫平上帻，多是武士戴的（图3）。

冠是礼仪性的发罩，在图像中也看得很清楚。可是到了西汉后期，冠却和帻组合成一个整体。《独断》说：“王莽无发乃施巾，故语曰：‘王莽秃，帻始屋’。”在东汉画像石上看到的冠大都是有帻之冠（图4、图5）。

冠底下衬上帻，就不称其为发罩，而是一顶帽子了。沿着这条线发展下去，明代礼服中的冠叫作梁冠，完全成了一顶大帽子（图6）。

（a）洛阳出土的西汉空心砖

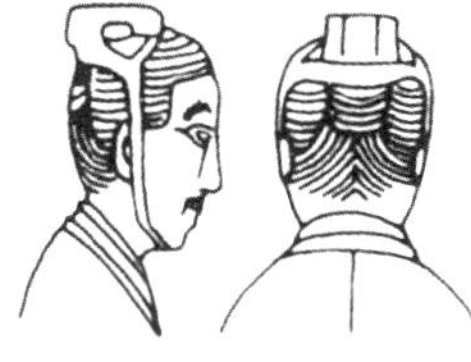

（b）河北满城汉墓出土玉人　（c）山东沂南画像石

图1　无帻之冠

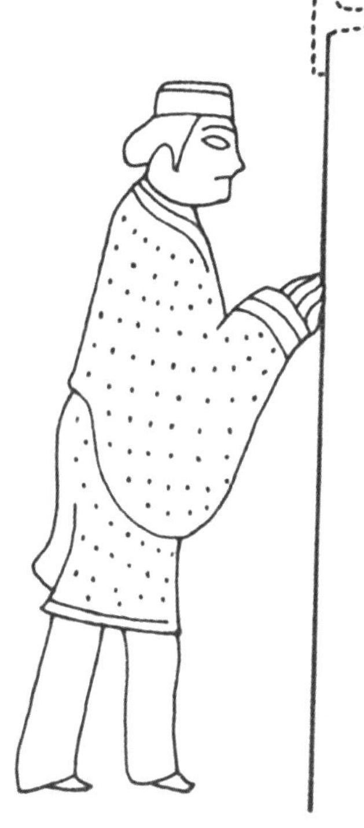

（a）介帻，山东沂南画像石　（b）平上帻，山东汶上孙家村画像石

图3　帻

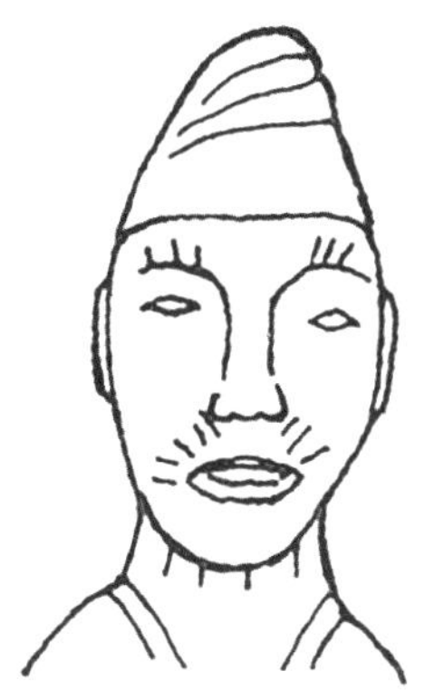

图2　帽（河南灵宝张湾汉墓出土陶俑）

图4　施帻之冠

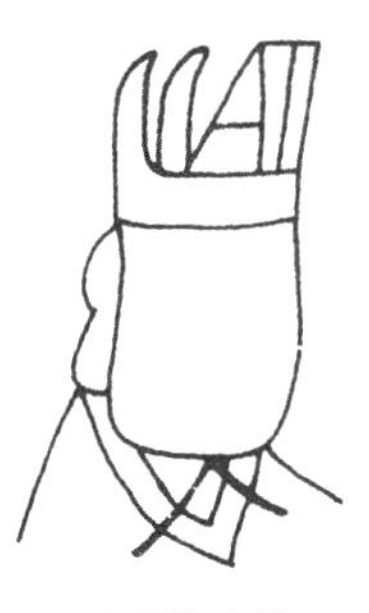

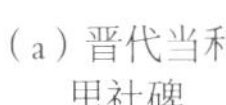

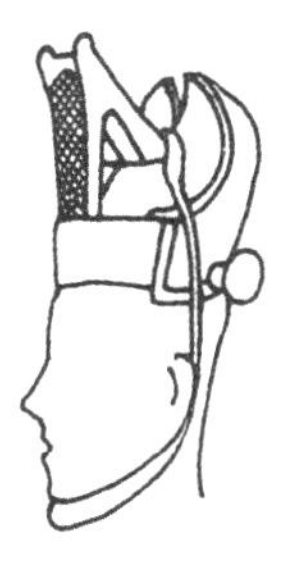

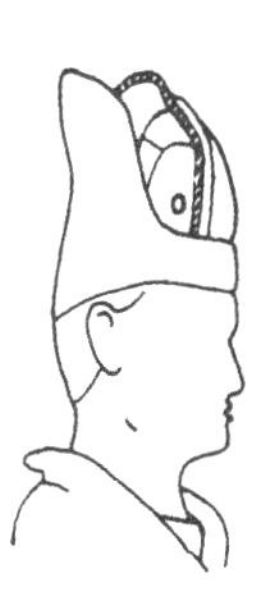

（a）晋代当利里社碑　（b）长沙，晋代永宁二年墓出土陶俑　（c）洛阳出土唐代陶俑

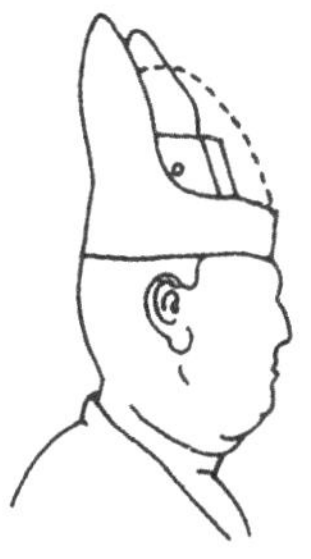

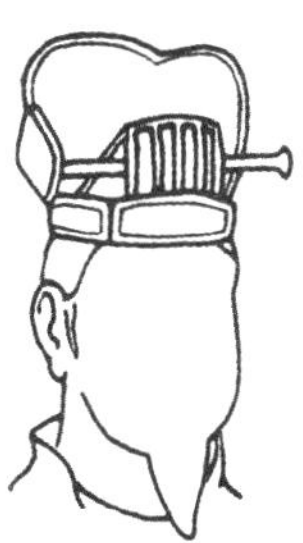

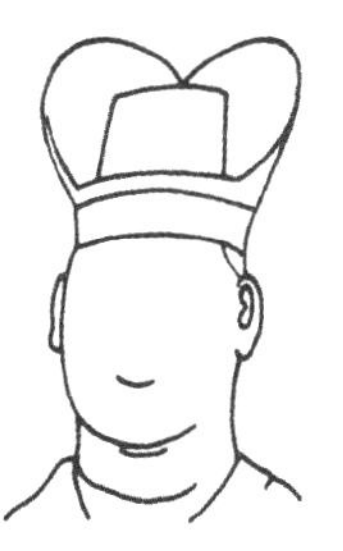

（d）咸阳，唐代天宝三年豆卢建墓出土陶俑　（e）唐代梁令瓒《五星二十八宿神行图》　（f）西安，唐代天宝七年吴守忠墓出土陶俑

图5　进贤冠的演变

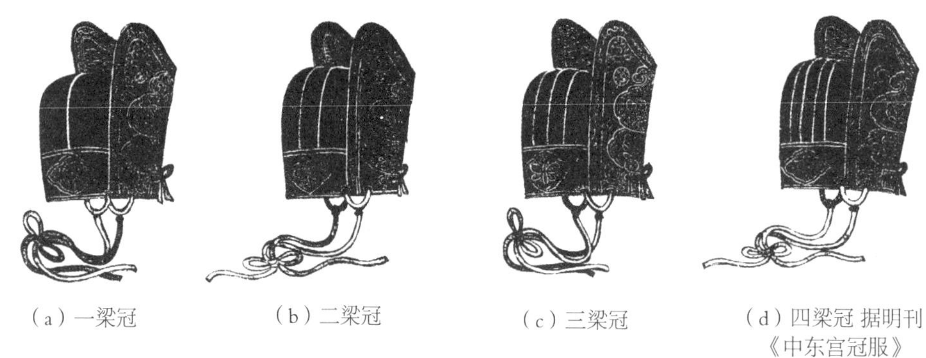

（a）一梁冠　（b）二梁冠　（c）三梁冠　（d）四梁冠 据明刊《中东宫冠服》

图6 明代的梁冠

二、金紫

《后汉书·冯衍传》记冯衍感慨平生时曾说自己："经历显位，怀金垂紫。"而唐代白居易感慨生平时也说自己："有何功德纡金紫，若比同年是幸人。"而且汉唐两朝都有"金紫光禄大夫"这样的官衔，可是两朝的"金紫"所指却是完全不同的东西。汉朝的"金紫"指的是金印紫绶。西周时，可以用衣上的纹章、冠上的梁数乃至玉佩的长短区别尊卑。汉代则直接在服饰上用印和绶反映其官阶。汉代一官必有一印，一印必随一绶。印小，带在身上看不清楚，但系在印钮上的绶却很长，很招摇（图7）。绶的宽度"皆广尺六寸"（《续汉书·舆服志》），合26.8厘米，地位愈尊贵绶愈长，皇帝之绶长二丈九尺九寸，接近7米；诸侯王之绶长二丈一尺，公侯、将军之绶长一丈七尺，以下各有等差，而且官阶不同，绶的颜色、织法和花纹也不同，花纹等方面目前说不清楚，但颜色的不同是明确的，金印用紫绶，一望而知这是一位大官（图8）。

汉代官印的印面不大，边长不过2.3厘米左右，即《汉书·严助传》所称"方寸之印"，而且都刻成白文。因为汉代还是用简牍的时代，公文写在牍上，为了保密，牍上覆盖一片"检"，检顶面当中挖出封泥槽，捆绑简和牍的绳子经过这里，上面用泥封住，再盖上印。这样印文就凸显出来，成为阳文，便于识别（图9）。

佩上像"金紫"这样高级的印绶，显得很荣耀，当时的社会心理也都承认这一点。新朝末年，商人杜吴攻上渐台杀死王莽后，只解去王莽的绶，而未割去王莽的头。随后赶来的军人才"斩莽首""分割莽身""争相杀者数十人"（《汉书·王莽传》）。可见在杜吴等人看来，王莽的绶似乎比他的头还重要。

图7 齐王向钟离春颁绶（武氏祠画像石）

图8 施玉环的绶（江西睢宁画像石）

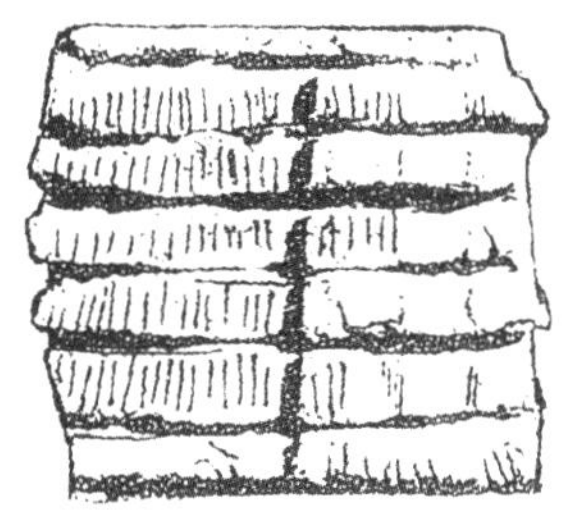

图9 “汤官饮监章”封泥（西安汉未央宫遗址出土）

但是这一套堂堂的汉官威仪，却受到初看起来与之毫不相关的一桩新事物的出现而走下了历史舞台，这就是纸的发明和推广。汉代已发明造纸，到了魏晋以后，广泛流行开来，官文书也用纸书写。纸上盖的印，其印面的大小就不受检槽的限制了，出土的北朝官印，边长都在5.5厘米左右，而且直接用朱文，无须用阴文再模压出阳文来（图10）。有些官印还配有银印盒，这么大的一套设备当然不便于佩戴。《隋书·礼仪志》说：“玺，今文曰印。又并归官府，身不自佩。”这就给印绶制度画上了句号（图11）。

唐朝的情况不同，这时兴起服色制度，汉代是没有的。汉代文官都穿黑色的衣服，武官的服色偏红。唐代则依官品之大小，依次为紫、绯、绿、青，而且高官还要佩鱼符，它本来是出入宫廷的出入证。鱼符装在鱼袋中，挂在腰带上。高官的鱼袋外表饰以金，于是叫金鱼袋。佩鱼袋的人像在《凌烟阁功臣像》及敦煌壁画等处见过，尚未获出土之实例（图12、图13）。

图10　北周“卫国公印”（陕西汉阴涧池出土）

图11　唐代“会稽县印”及印盒（浙江绍兴出土）

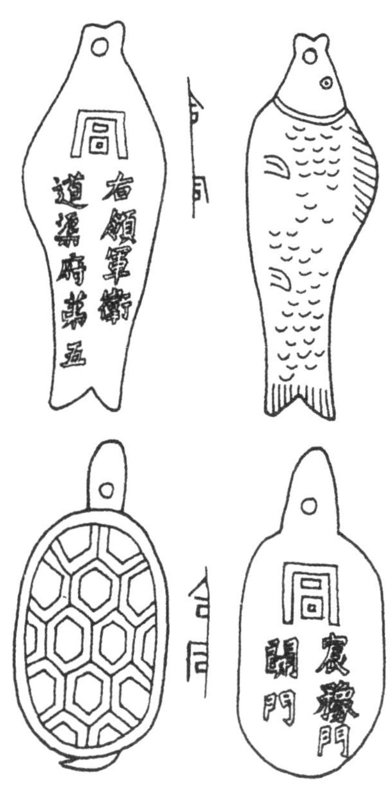

图12　唐代的鱼符和龟符（据《历代符牌图录》）

（a）乾县，唐代李贤墓壁画中的佩鱼袋者

（b）莫高窟156窟晚唐壁画中的佩鱼袋者

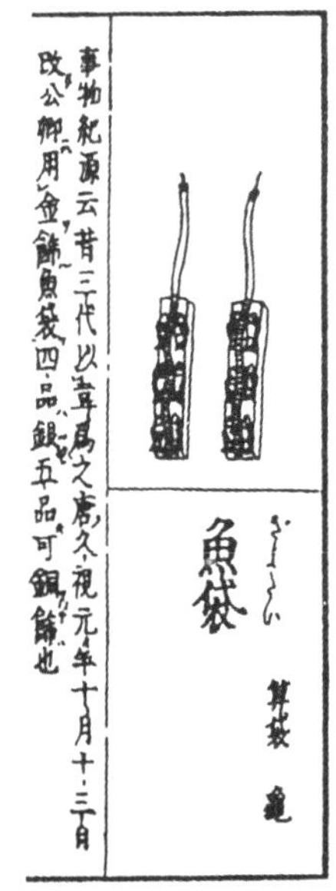

（c）鱼袋，据日刊《倭汉三才图会》

图13　鱼袋

三、霞帔

唐代女装的基本构成是裙、衫、帔。唐代牛僧孺《玄怪录》说：“小童捧箱，内有故青裙，白衫子、绿帔子。”这是一位平民妇女的衣着。又有前蜀杜光庭《仙传拾遗》说：唐时益州士曹柳某之妻李氏“着黄罗银泥裙、五晕罗银泥衫子、单丝红地银泥帔子，盖益都之盛服也。”可见唐代女装无论丰俭，以上三者均不可少。帔像一条轻薄的长围巾，从肩上搭下。此物大约是从萨珊（今伊朗）一带传入我国的。它又叫帔子、帔帛或霞帔。唐代白居易诗中就有“虹裳霞帔步摇冠”之句。不过当时“霞帔”尚是雅称，到了宋代才成为通称（图14）。

唐代前期女装比较狭窄，盛唐以后女装加肥。李白诗用“云想衣裳”来形容，可见这时的女装宽大轻盈。再绕上薄纱做的帔子，更给人以飘飘欲仙之感。施帔的女像常见于唐代绘画、雕塑中，有的妇女甚至在劳作时也帔不离身（图15、图16）。表演歌舞者帔帛飞扬，更增加了舞蹈的活力。这时不仅女性舞者用帔，男性也有用的（图17）。

（a）山西大同出土鎏金铜杯

（b）青海平安魏晋墓出土画像砖

图14 唐代以前的霞帔

（a）唐代永泰公主墓壁画

（b）西安，唐代韦顼墓石椁线雕

图15 唐代帔帛

图16 唐代张萱《捣练图》中的施帔帛者

图17 宁夏盐池唐墓石门雕刻中的舞者

可是到了宋以后，缠足成风，这时要求妇女沉稳安静。有的《女儿经》之类的书上还说，女子要"笑莫露齿，行莫摇裙"，总之，是不许张扬。宋代的塑像上有的将帔帛在腰以下打结，把它扎起来（图18）。南宋时还出现了金属帔坠，更可将帔帛稳住（图19）。不过由于对帔坠之用途的不了解，前些年的考古报告中常把帔坠称作香囊、银熏或佩饰。十三陵定陵出土的帔坠上还附有挂钩，以便挂在霞帔上（图20～图22）。可是考古报告却称为"镶珠宝桃形香薰"，还将挂钩称为"手柄"，说它"既可以拿在手中，也可以挂在腰带上随身携带。"表明对此一头雾水。有的研究者复原的霞帔，带尾两端均系帔坠（图23）。这样，走起路来会左摆右晃，完全失掉系帔坠的本意了。至于清代将霞帔改成一件背心，更和原先的霞帔无关了（图24）。

图18 太原晋祠圣母殿侍女像

图19 霞帔与帔坠（江西德安南宋周氏墓出土）

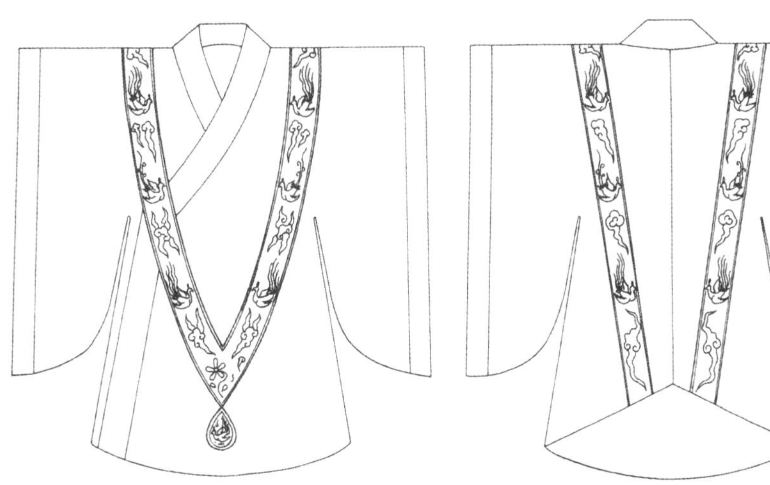

图20 明刊《中东宫冠服》中的霞帔与帔坠

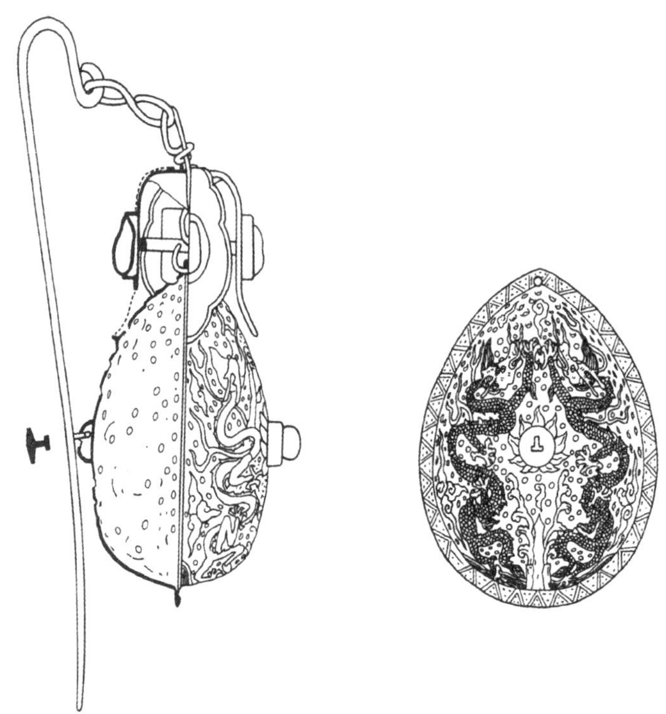

图21 明代皇后的金帔坠（北京昌平明定陵出土）

图22 明代朱佛女像

图23 现代学者复原的霞帔与帔坠

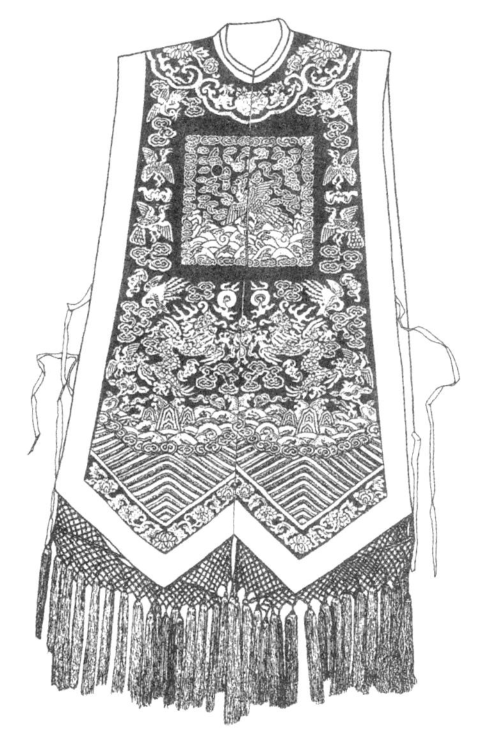

图24 清代霞帔

孙机，中国国家博物馆，研究馆员

02 礼治背景下的先秦服饰文化

彭林

摘　要 ｜ 早在先秦时代，服饰即已成为礼治的重要元素之一，深刻地影响着中国文化的走向。上古蚕桑业的崛起令中国纺织业大放异彩。中国服饰文化，不能不溯源于此。先秦服饰的设计与规定，事关民族认同与国家认同，并且涉及诸多人生礼仪，反映出对儒家理想人格的追求。服色与纹样等要素也显示出当时中国人的文化倾向与禁忌。可以说，先秦服饰文化，与儒家的伦理思想浑然一体。

关键词 ｜ 服饰文化、先秦、礼治

On Chinese clothing culture in Pre-Qin Pperiod under the Background of Li

Peng Lin

Abstract: As early as the pre-Qin period, clothing which has become one of the important elements of Li(rule of rites), profoundly affecting the trend of Chinese culture. The rise of sericulture in ancient times made Chinese textile industry well developed, and Chinese clothing culture should trace its origin here. The design and regulation of pre-Qin costume is related to national identity, and involves many life rites of Chinese people, reflecting the pursuit of Confucian ideal personality. The color of and pattern dress also showed the cultural tendency and taboo of the Chinese people at that time. The Chinese clothing culture of pre-Qin period is integrated with Confucian ethics.

Key words: clothing culture, pre-Qin period, Li(rule of rites)

中国是举世闻名的礼仪之邦，儒家自古倡导礼治。曾国藩云："治国以礼为本。[1]"梁启超先生用"中国重礼治，西方重法治"作为中西文化的根本差异，钱穆亦云："中国的核心思想就是礼。[2]"意味深长的是，早在先秦时代，服饰即已成为礼治的重要元素之一，深刻地影响着中国文化的走向。

一、"华夏"：丝与礼的顶层融汇

在世界诸古文明中，除中国之外，没有任何一国将"礼"作为自身文明的核心，更没有一国将服饰与礼组合，作为本位文化的最高标配。在《左传》中，中原文明被称为"华夏"，晋人杜预解释说："有礼仪之大，故谓夏。有服章之美，谓之华。[3]"以"华"与"夏"二字作为对中国的美称，至今为中国人所沿用，彰显了中华文明的特殊性。

与看重物质文明的西方文明不同，中国人更强调精神层面的进步，人学会穿第一件衣服的意义，要比学会打制第一把石斧重要得多。在中国文化中，人与禽兽之别的主要标志一是服饰，二是礼仪。人有耻感，遮羞是人类群体意识的重要觉醒，从此懂得男女之别，进而发展为家庭婚姻的理念。穿上衣服，按照礼（理性的行为规范）的要求生活，使得人与禽兽有了彻底的切割。

上古时代，文明初开，民众以饱衣暖食为主要追求，纺织是全社会的基本活动之一。《后汉书·舆服志》描述先民追求服饰制作进步与完美的嬗变之迹：

> 上古穴居而野处，衣毛而冒皮，未有制度。后世圣人易之以丝麻，观翚翟之文，荣华之色，乃染帛以效之，始作五采，成以为服。见鸟兽有冠角髯胡之制，遂作冠冕缨蕤，以为首饰。[4]

"穴居而野处，衣毛而冒皮"，是人类尚未脱离动物性与原始性的形象描述。"易之

[1]《王船山遗书序》。
[2] 邓尔麟：《钱穆与七房桥世界》，北京：社会科学文献出版社，1995年，第7页。
[3]《春秋左传》卷五十六，定公十年，杜预疏。
[4]《后汉书·志》卷三十《舆服志下》，北京：中华书局，1965年，第3661页。

以丝麻”，是纺织材料的重大革新，由此催生了脱胶、柔化、纺积、编织、裁剪、缝纫等工序，材料经过二次、三次加工，衣服更为合体、舒适。采择“翚翟之文，荣华之色”，即雉鸟、花卉的绚丽之色，制作五彩衣服；模仿鸟兽的“冠角髯胡之制”“作冠冕缨蕤”，是先民审美意识的重大发展；而衣冠制作开始有“制度”，则是服饰进入文明体系的重要标志。

需要特别指出，蚕桑业的崛起令中国纺织业大放异彩，成为我国文明最显性的标志。迄今所见年代最早的丝织品实物，是浙江吴兴钱山漾遗址出土的丝线、丝带、绢片等家蚕丝织物，距今4700多年。蚕丝是一种无与伦比的精美纺材，轻柔、纤细、光鲜，从而催生了精细的丝绸制作工艺，激发了服饰制作中的审美意识，登上了世界纺织领域的巅峰，大大提升了中华文明的水准。

先民在追求服饰创新的同时，思想世界的革命也正在酝酿。武王克商，推翻纣王暴政，周人开始意识到“德”乃是长治久安之本，“国家非徒政治之枢机，亦道德之枢机”，周公制礼作乐，旨在“纳上下于道德”，将道德建设落实在礼乐制度上，“周之制度典礼，乃道德之器械”[1]。“君子”，乃是修身进德之楷模，温良敦厚，典雅庄敬，就《诗》所见，德性充盈之君子已是在在多有，举国称颂，万民作则。

中国丝绸堪称人类物质生产的经典之一。身着丝绸服装的中国人向世人展示了追求美好生活的形象；“礼”，则是中国率先进入人本主义时代的标志，相处以礼，待人以敬，追求深层的社会和谐。以“华”与“夏”构词，彰显丝绸之美与礼仪之雅已然交融，外在的华丽服饰与内在的君子之德完美结合，以此作为中华文明最具代表性的顶层标志，尤为贴切。研究中国服饰文化，不能不溯源于此。

二、服饰与国家文化认同

任何民族都有属于自己的“正装”，它是民族成员基于特定的生活环境与文化背景，经过累世摸索、筛选、组合而成，成为本民族最显著的文化表征，中国文化亦然。虞夏商周四代，政权中心不断转移，各地风尚有别，情趣各异，衣冠流行的款式、崇尚的颜色，自然亦不相同，并与时俱进，《礼记·王制》说：

有虞氏皇而祭，深衣而养老。夏后氏收而祭，燕衣而养老。殷人冔而祭，

[1] 王国维：《殷周制度轮》，《观堂集林》卷十，北京：中华书局，1959年，第477页。

缟衣而养老。周人冕而祭，玄衣而养老[1]。

根据郑玄的解释，皇，是画有羽饰的冕。有虞氏质朴，只穿深衣，即白色布衣。夏人崇尚黑色，他们的燕衣即黑衣裳。殷人崇尚白，他们的缟衣，即白色丝衣。周人兼采夏、殷之色，上衣为玄色，下裳为白色。与之配套的冠，夏人称为“收”，殷人称为“冔”，周人称为“弁”[2]。足见黑色、白色都曾经风行一时，周人兼而采之，玄衣白裳；与冕配套的服装，则为玄上缥下；服饰的文化表征功能更加鲜明。

周代上衣、下裳分开，将右衽、束腰作为服饰的基本特征，与周边民族以左衽为主的风格截然相反。孔子说“微管仲，吾其披发左衽矣”，右衽抑或左衽，事关民族认同与国家认同，切莫等闲视之。

衣服可以代表人物，也能代表文化传统。《中庸》引孔子称赞武王、周公达孝之语云：“春秋脩其祖庙，陈其宗器，设其裳衣，荐其时食”。郑注：“裳衣，先祖之遗衣服也，设之当以授尸也。[3]”由《礼记·王制》可知，天子五年一巡守，考察地方政权是否执行中央制订的各项制度，其中之一便是衣服：

命典礼，考时、月，定日，同律、礼、乐、制度、衣服，正之。……变礼易乐者为不从，不从者君流。革制度衣服者为畔，畔者君讨。[4]

凡是擅自变易礼乐者，即是违抗中央，就要被流放。凡是擅自变革制度衣服者，如同叛变中央，无法容忍，就要受到讨伐，孔颖达申述说：“制度、衣服，便是政治之急，故以为畔，君须诛讨。[5]”

儒家治国，主张防微杜渐，俭以养廉，廉以养德，若生活中饮食、衣服处处奢靡，则世风必然走向奢侈，故以政府“禁令”的方式，严加防范。鉴于在某种状况下服饰能刺激人的虚荣心，彼此攀比，炫富斗阔，转移社会风气，靡费珍贵的社会资源，从而瓦解内在的道德防线，政府必须预为之防，故“司徒脩六礼以节民性，明七教以兴民德，齐八政以防淫；一道德以同俗”[6]，“衣服”为“八政”之一，必须符合要求，孔疏云：

---

❶《礼记正义》卷二十《王制》，上海：上海古籍出版社，2008年，第575页。
❷《礼记正义》卷二十《王制》，上海：上海古籍出版社，2008年，第576页。
❸《礼记正义》卷六十《中庸》，上海：上海古籍出版社，2008年，第2010页。
❹《礼记正义》卷十六《王制》，上海：上海古籍出版社，2008年，第491页。
❺《礼记正义》卷十六《王制》，上海：上海古籍出版社，2008年，第495页。
❻《礼记正义》卷十九《王制》，上海：上海古籍出版社，2008年，第545页。

八政，一曰饮食，二曰衣服，三曰事为，四曰异别，五曰度，六曰量，七曰数，八曰制。淫，谓过奢侈，故以八政禁令之事以防淫。❶

中国文化不是宗教文化，治民靠教育不靠神仙。《学记》说："先王建国君民，教育为先。"教育，是国家文化建设的主体，通过在日常生活的各个方面建立标准与规范，包括礼节、诚信、容色、服饰等，引导民众遵守，由此形成共同的文化；进而互相观察、纠正、反思、取齐，走向更高层次的一致。《礼记·表记》说：

是故圣人之制行也，不制以己，使民有所劝勉愧耻，以行其言。礼以节之，信以结之，容貌以文之，衣服以移之，朋友以极之，欲民之有壹也。❷

圣人制法，不以自己为标准，而是以"中人"能达到的水平为基准，以便使大多数人都能达标，如此，未达标的少数人便会感到压力与愧耻，进而努力上进；然后，以礼、信、容貌规范大众，继而"衣服以移之"，郑注："移，犹广大也。❷"用衣服广大之，使之树立尊严；倡导朋友之间互相劝励，从而使民众专心一意于善道，郑注："壹，谓专心於善。❷"

在中国文化中，服饰的穿法，与文明、典雅的程度密切相关，讲究之处，触目皆是，万万不可随心所欲，如《论语·乡党》云：

当暑，袗絺绤，必表而出之。缁衣羔裘，素衣麑裘，黄衣狐裘。亵裘长。短右袂。必有寝衣，长一身有半。狐貉之厚以居。去丧，无所不佩。非帷裳，必杀之。羔裘玄冠不以吊。❸

葛布之精者称絺，粗者称绤。暑天，先穿里衣，絺绤做的单衣（袗）穿在外表。羔裘，用缁（黑色）羊皮做的裘。麑，是白色的小鹿。用黄色的狐皮裼裘，是要与之相称。……斋戒当主于敬，既不可解衣而寝，亦不可穿明衣而寝，故另有寝衣，其半盖以覆足。……朝祭之服，裳用正幅如同帷幕，腰间有襞积，两旁无杀缝；其余则如深衣，腰要半下，齐倍腰，无襞积而有杀缝。丧主素，吉主玄。吊必变服，以示哀悼死者。

---

❶《礼记正义》卷十九《王制》，上海：上海古籍出版社，2008年，第547页。

❷《礼记正义》卷六十一《表记》，上海：上海古籍出版社，2008年，第1064页。

❸《四书集注》，长沙：岳麓书社，1987年，第172页。

服饰的重要性，还体现在对公权力的尊重上。政府是实施社会管理的主要机构，掌握各部门、各地区的公权力，自有尊严在，所有人等，必须怀有敬畏之心。《论语·乡党》记孔子在朝之容，提及“入公门，鞠躬如也，如不容。”朱子《集注》：“鞠躬，曲身也。公门高大而若不容，敬之至也。”入公门时之服饰，亦有严格规定。《曲礼下》云：

龟策、几杖、席盖、重素、袗絺绤，不入公门。苞屦，扱衽，厌冠，不入公门。[1]

郑注：“龟策，嫌问国家吉凶。几杖，嫌自长老。席盖，载丧车也。”重素，衣、裳皆素，乃是丧服。袗，单衣。暑天，袗絺绤之衣单薄，形体亵露，故一定要表而出之。“苞屦，扱衽，厌冠”，郑注：“此皆凶服也。[1]”关于衣装不合适不得入公门，《玉藻》亦有类似的规定：

非列采不入公门，振絺绤不入公门，表裘不入公门，袭裘不入公门。(衣裘必当裼也。)

根据郑注，“列采”，指正服。“表裘”，指外衣。二者都应当表之乃出。《礼记》提及子游裼裘而吊，曾子袭裘而吊；古时裘上有裼衣，裼衣之上有袭衣，袭衣之上有正服。若是袭裘，则不得入公门。

《表记》引子曰：“裼袭之不相因也，欲民之毋相渎也。”孔疏：“行礼之时，礼不盛者则露见裼衣，礼盛之时则重袭上服。若始末恒裼袭，是相因也。其行礼之时，或初袭而后裼，或初裼而后袭，欲使人民无相亵渎，使礼相变革也。”严辨裼、袭，是要向民众昭示礼的差异，不容轻忽。

在周代，国家颁布诸多“国标”，布匹的幅宽、精粗、颜色等均有严格的标准，不达标者不得进入流通领域，《王制》：“命服命车，不得於市”，郑注：“尊物，非民所宜有。”贵族专用物品，无法在市场流通；“布帛精粗不中数，幅广狭不中量，不粥於市，奸色乱正色，不粥於市”[1]，有严格的管理。

若面临某些灾难，则天子、诸侯等执政首脑当减杀仪容，自为贬损，以示悲悯与体恤。荒札服素服，《司服》云：“大札、大荒、大灾，素服。”郑注：“其衣服首饰大

[1]《礼记正义》卷六《曲礼下》，上海：上海古籍出版社，2008年，第150页。

裘之冕，其冕无旒。”《玉藻》云：

年不顺成，则天子素服，乘素车，食无乐。❶

诸侯玄端以祭，裨冕以朝，皮弁以听朔於大庙，朝服以日视朝於内朝。❷

年不顺成，君衣布，搢本，关梁不租，山泽列而不赋，土功不兴，大夫不得造车马。❸

“年不顺成”，孔疏：“谓四方之内，年穀不得和顺成熟。”即遭遇自然灾害的凶荒之年。孔疏：“此是天子诸侯罪己之义，故素服。此素服者，谓素衣。”诸侯亦然，故“年不顺成，君衣布”。可见，这是作为政府行为的规定。

《檀弓》云：“天子之哭诸侯也，爵弁纣衣。”爵弁者，加爵头色。

三、服饰与“成人”

儒家文化以“人”为核心，将人的道德成长作为人生与社会进步的基本命题，即人如何通过修为，从动物学意义上的人成长为道德理性意义上“完人”。在全社会整体达成这一目标绝非易事，除读书明理、修身以礼之外，尚须调动诸多因素，服饰即其中之一。

在儒家而言，服饰对人的心理与行为有直接影响。毋庸赘言，好穿奇邪之服者，内心很难产生自尊自律的意识，以及接受公共规范约束的意愿。相反，服饰端庄，有利于唤醒内心正向的情感。故凡斋必定沐浴，浴毕则穿布制的明衣，以示身体明洁。

君子立身，追求内外兼修，坐立行走、言谈举止，由表及里，紧密关联。服饰为君子直面社会的具体形象，与之匹配的，为容貌、辞令、德性、行为等，环环相扣。《表记》有云：

是故君子服其服，则文以君子之容；有其容，则文以君子之辞；遂其辞，则实以君子之德。是故君子耻服其服而无其容，耻有其容而无其辞，耻有其

❶《礼记正义》卷三十九《玉藻》，上海：上海古籍出版社，2008年，第1180页。
❷《礼记正义》卷三十九《玉藻》，上海：上海古籍出版社，2008年，第1182页。
❸《礼记正义》卷三十九《玉藻》，上海：上海古籍出版社，2008年，第1187页。

辟而无其德，耻有其德而无其行。是故君子衰绖则有哀色，端冕则有敬色，甲胄则有不可辱之色。❶

身穿君子之服，则必有相应的君子容色；有君子的容色，则辅之以君子的文辞；有君子的文辞，必然会以君子之德充实内心。君子戒绝到孔吕须以“服其服而无其容”“有其容而无其辞”“有其辞而无其德”“有其德而无其行”为耻。在特定场合，身穿有特定内涵的礼服，可以直接调动内心的情感：君子服丧，身穿衰绖，则一定有哀恸之色；端冕立于朝，则有庄敬之色；身穿甲胄，则有不可辱之色。

担负领导民众重任的“长民”者，要有正面形象，衣服应符合法式，不得轻易变换，举止从容而有其常度，以此影响民众，使道德齐一：

子曰：“长民者，衣服不贰，从容有常，以齐其民，则民德壹。《诗》云：‘彼都人士，狐裘黄黄。其容不改，出言有章。行归于周，万民所望’。”❷

《小雅·都人士》称幽王之前的明王执政之时，都邑之人有士行者，着此“正衣”（狐裘黄黄）。庶人有士行，“其容不改，出言有章”，行为皆归于忠信，为万民所仰望。

在某种意义上，穿戴既定的服饰，既是责任，也是权力。对于不听教育，犯有过错而又达不到入狱、受刑的程度者，可处以“耻刑”（名誉刑），方法之一，在其服饰上加以丧服的标识。《玉藻》：“垂緌五寸，惰游之士也。玄冠缟武，不齿之服也”，罢民，即不务正业，好吃懒做之人。郑注：“缟冠素纰，凶服之象也。垂长緌，明非既祥。❸”古代公众活动以年齿为序，但凡行恶悖逆之人，使之服“垂緌五寸”或“玄冠缟武”，因是丧服之饰，故不得与众人序齿，被排除于社会生活之外。

常人对服装的敬意，从小训练，逐日养成。《礼记·内则》说，做子女的，每日清晨起床后，即要一丝不苟地完成冠服以及配饰的穿戴：

鸡初鸣，咸盥、漱，栉、縰、笄、总，拂髦、冠、緌、缨、端、韠、绅，搢笏。❹

---

❶《礼记正义》卷六十一《表记》，上海：上海古籍出版社，2008年，第2065页。
❷《礼记正义》卷六十二《缁衣》，上海：上海古籍出版社，2008年，第2109页。
❸《礼记正义》卷三十九《玉藻》，上海：上海古籍出版社，2008年，第1199页。
❹《礼记正义》卷三十七《内则》，上海：上海古籍出版社，2008年，第1114页。

盥、漱，栉之后，用称为“纚”的帛韬发；用称为“总”的锦束发，多余的部分作为装饰往后垂；用“髦”掸去灰尘，戴冠，系好缨带上的饰物“緌”；然后穿上玄端服，再用名为“绅”的大带束腰；记事用的“笏”板插在绅带内。上述动作，紧密衔接，设计合理，不得颠倒、缺略。如此规范，举世罕有其匹，旨在培养严谨的人生态度，不如此，则不得面对社会、面对新的一天的生活。

中国服饰文化之讲究，体现在设计上处处有寓意，朝服、官服自不必说，即如童子之衣服，看似简单，背后自有深义在。《玉藻》云：

> 童子之节也，缁布衣，锦缘，锦绅并纽，锦束发，皆朱锦也。[1]

童蒙幼稚，体能与智能均不足以自立，其服饰自当质朴，不尚浮华，不求名贵，故用缁布制作，形制简单。如成人所穿鞋屦之头部有“絇”作为装饰，童子的屦头就免了。然而儿童正在成长，日趋成熟，若一味简略单调，则有失偏颇，故童子衣服之边缘、绅带以及鞋子的絇带之纽，都用朱色的锦作为装饰，束发用的“总”直接用锦；凡此，意在表达童子将来文德灿然。故缁布衣的设计，含有一文一质之意。

此外，儿童衣服的设计，还兼顾到养生的作用。童子元阳充盈，而裘、帛之衣大过温热，为避免伤其阳气，故规定童子不得衣裘、帛。《内则》亦云，童子在十岁时外出求学，居宿于外，依然要恪守“衣不帛襦袴”的规定，郑注：“不用帛为襦袴，为大温，伤阴气也。”要到二十岁成年后，方始“可以衣裘帛。”

周代服饰体系之广大，几乎覆盖社会生活的所有方面，若不熟悉于此，不仅容易穿错衣服，而且难以真正了解礼的真谛，故学习服饰知识乃贵胄子弟的必修课，《学记》：“不学杂服，不能安礼。”郑注：“杂服，冕服、皮弁之属。”孔疏：“杂服，自衮而下至皮弁至朝服玄端服属。礼谓礼经也。礼经正体在於服章，以表贵贱。今若欲学礼，而不能明杂衣服，则心不能安善於礼也。”

四、服饰与“人生礼仪”

人生之路漫长，但关键之处只有几个。每逢人生重要节点，儒家都设计特定礼仪予以指导，给生命注入文化，使人生更精彩。其中冠、婚、丧、祭四礼，称为“人生

---

[1]《礼记正义》卷四十《玉藻》，上海：上海古籍出版社，2008年，第1233页。

礼仪”。每礼之中，服饰都是重要角色。

（一）冠礼

周代男子二十岁成年，成人仪式的主体，是为之三次加冠（缁布冠、皮弁、爵弁），称为“三加”之礼，与之配套的是朝服、皮弁服、爵弁服。冠礼毕，冠者著玄端玄裳。《仪礼·士冠礼》详细规定，如冠配套的衣裳、带韠等如下：

爵弁服：纁裳，纯衣，缁带，韎韐；

皮弁服：素积，缁带，素韠；

缁布冠：玄端，玄裳、黄裳、杂裳。缁带，爵韠。

爵弁服是与君祭之服，皮弁服是与君视朔之服；与缁布冠相配的是莫夕於朝之服。玄端即朝服之衣，上士玄裳，中士黄裳，下士杂裳。杂裳之色为前玄後黄。

主人即位后，有关人物的站位与服饰：

主人玄端爵韠，立于阼阶下，兄弟毕袗玄，摈者玄端；

将冠者采衣，紒，在房中，南面。

屦，夏用葛。玄端黑屦，青絇繶纯，纯博寸。

素积白屦，以魁柎之，缁絇繶纯，纯博寸。

爵弁纁屦，黑絇繶纯，纯博寸。

冬，皮屦可也。

玄端，是士入庙之服。采衣，将冠者所服。紒，结发。屦，与裳同色，玄端黑屦，以玄裳为正。絇，是屦头的装饰。繶，缝中紃。纯，缘。魁，蜃蛤。柎，注者。冠礼毕，冠者“乃易服，服玄冠、玄端、爵韠，奠挚见于君”。整个仪式，服饰作为重要角色，在不断变换。《礼记·冠义》说：

凡人之所以为人者，礼义也。礼义之始，在於正容体，齐颜色，顺辞令。容体正，颜色齐，辞令顺，而后礼义备。以正君臣，亲父子，和长幼。君臣正，父子亲，长幼和，而后礼义立。故冠而后服备，服备而后容体正，颜色齐，辞令顺。故曰“冠者，礼之始也”。是故古者圣王重冠。❶

❶《礼记正义》卷六十八《冠义》，上海：上海古籍出版社，2008年，第2269页。

（二）婚礼

在婚礼的仪式中，各色人等的服装也都有特殊要求，不容错乱。例如，在“六礼”中最重要的环节“亲迎”中，新郎、新娘及双方随从（有司）的服饰规定如下：

主人爵弁，纁裳，缁袘。从者毕玄端。

女次，纯衣纁袡，立于房中，南面。女从者毕袗玄，纚笄，被纇黼，在其后。

主人，指婿，即新郎。纁裳，指缁衣。袘，以缁缘裳，象阳气下施。女，此指新娘。次，指装饰头部用的假紒，乃按照长短编列而成，或称髲髢。纯衣，丝衣。袡，衣缘。女从者毕此纯衣即褖衣，是士妻助祭之服，平常不得用纁为袡，此为昏礼而摄盛之。“黼领谓之襮”“白与黑谓之黼”古时天子、诸侯后夫人狄衣，卿大夫之妻的衣领绣以黼纹。士妻初嫁，亦在领上绣以黼纹，同样是摄盛之意。

（三）五等丧服

礼莫重于丧，孝子服父丧的时间长达三年，仪节繁复。古时聚族而居，五服之内，各色人等，与死者均有血缘关系，但亲疏有别，故服丧之时间长短不同，所服丧服、丧饰之样式亦不同。斩衰、齐衰、大功、小功、缌麻五等丧服，以及随之分化而来的丧服规格如下：

斩衰裳，苴绖、杖、绞带，冠绳缨，菅屦；

疏衰裳齐、牡麻绖、冠布缨、削杖、布带、疏屦，三年者；

疏衰裳齐，牡麻绖，冠布缨，削杖，布带，疏屦，期者；

疏衰裳齐，牡麻绖，无受者；

大功布衰裳，牡麻绖，无受；

大功布衰裳，牡麻绖，布带，三月；

繐衰裳，牡麻绖，既葬除之者；

小功布衰裳，澡麻带绖，五月；

小功布衰裳，牡麻绖，即葛，五月；

缌麻三月。

以上是仅丧服之大纲，具体到服丧对象以及丧服、丧饰的尺寸标准，尚有更为细致的规定，如：

公子为其母，练冠，麻，麻衣縓缘；为其妻，縓冠，葛绖，带，麻衣縓缘。皆既葬除之。

凡衰，外削幅；裳，内削幅，幅三袧。若齐，裳内，衰外。负，广出于适寸。适，博四寸，出于衰。衰，长六寸，博四寸。衣带，下尺。衽，二尺有五寸。袂，属幅。衣，二尺有二寸。祛，尺二寸。

衰三升，三升有半。其冠六升。以其冠为受，受冠七升。

齐衰四升，其冠七升。以其冠为受，受冠八升。

缌衰四升有半，其冠八升。

大功八升，若九升。小功十升，若十一升。

毋庸讳言，其中涉及的专门术语极多，解读至为复杂，远非此短文所能穷尽，故此处只能存而勿论。中国服饰文化，与儒家的伦理思想浑然一体，从特有的角度，以特有的形式解读、展示、强化举国的文化认同。毫无疑问，如果将上述服饰全部铲除，则中国文化的面貌将无从想见。

五、服色、纹样的取法与宜忌

中国文化即以人与天地鼎立，并称“三才”。中国人惊叹大自然的浩瀚、永恒、化生万物之功，以及有序运行的巨大定力，从中体悟修身、齐家、治国、平天下的道理，而绝非匍匐于天德脚下，顶礼膜拜。《老子》提出的人法地、地法天、天法道、道法自然的理念，体现了中国人天人合一、天人合德的精神。这种理念深深地渗透在服饰纹样的取法对象上。《礼器》说，（君子之于礼也）“有放而文也。[1]”孔疏：“放，法也。谓天子画日月星辰於衣服，是法天以为文。[2]”《尚书·益稷》所记虞夏天子祭服之制，为中国服饰纹样年代最早的记载，自日月而下，凡十有二章，皆取法于天地：

予欲观古人之象，日、月、星辰、山、龙、华虫，作会；宗彝、藻、火、

[1]《礼记正义》卷三十二《礼器》，上海：上海古籍出版社，2008年，第987页。

[2]《礼记正义》卷三十二《礼器》，上海：上海古籍出版社，2008年，第989页。

> 粉米、黼、黻，絺绣。以五采彰施于五色，作服。❶

《益稷》十二章纹均无宗教气味。前六章（日、月、星辰、山、龙、华虫），均取自宇宙自然之物。华虫，孔颖达云："华虫者，谓雉也。取其文采，又性能耿介。❷"会，绘也。六者高远在上，故绘之于衣，"法天之阳气之六律"。后六章，宗彝，谓宗庙彝器。孔疏："藻者，取其絜清有文。火者，取其明照烹饪。粉米，取其絜白生养。黼谓斧也，取其决断之义。黻谓两已相背，取其善恶分辨。"此六章紩（绣）于裳，"以法地之阴气六吕"。可见，十二章纹含有效法阴阳之意。

周人承继前代十二章纹，但不尽在衣，而是将日、月、星辰画于旌旗；其余为冕服九章。周代衣服，上衣下裳，有阴阳之义；故其余九章，以奇、偶为纲分配：龙、山、华虫、火、宗彝五章，皆画以为缋。藻、粉米、黼、黻四章，绣于裳，凡九章。鷩之衣三章，裳四章，凡七章。毳之衣三章，裳二章，凡五章。希之衣一章，裳二章，凡三章。玄者衣无文，裳刺黻而已，是以谓玄焉。可见，上衣与下裳章数的奇偶搭配，含有衣法天、裳法地的意思，绝非随兴而为。

以上就大端而言，若就某一具体细节而言，亦有阴阳相成之义。如《士昏礼》"女次，纯衣纁袡，立于房中，南面"，郑注："袡之言任也。以纁缘其衣，象阴气上任也。"妇人阴，其衣纁袡，象阴气上交于阳，两者交接。《尚书·洪范》最早提出五行思想，其后发展为宇宙的五行格局，与五色、五味、五声、五脏等混成一体，强化了中国文化的体系感以及五行的存在感。五色，遂成为服饰文化中的重要角色。《礼运》云：

> 五行之动，迭相竭也。五行四时十二月，还相为本也。五声六律十二管，还相为宫也。五味六和十二食，还相为质也。五色六章十二衣，还相为质也。❸

画缋，有五色六章。孔疏："五色，谓青、赤、黄、白、黑，据五方也。六章者，兼天玄也。以玄、黑为同色，则五中通玄，缋以对五方，则为六色为六章也。为十二月

---

❶《尚书正义》卷五《益稷》，北京：北京大学出版社，1999年，第116页。

❷《礼记正义》，《王制》，上海：上海古籍出版社，2008年。

❸《礼记正义》卷三十一《礼运》，上海：上海古籍出版社，2008年，第921页。

之衣，各以色为质，故云还相为质也。”[1]十二月之衣，与五方对应，各以其方色为本。

1．繁简

服饰的纹样，大致经历了从无到有、从简到繁的发展过程。如韍，有虞氏以前用皮制作，没有文饰，其后不断加繁。《明堂位》云：“有虞氏服韍，夏后氏山，殷火，周龙章。”郑注：“天子备焉，诸侯火而下，卿大夫山，士韎韐而已。”

2．颜色

古人认为天为玄色，地为黄色，故有天玄地黄之说。士的朝服为玄端服，衣为玄色；裳则有三色：玄裳、黄裳、杂裳，《士冠礼》总称为“杂裳”。

3．深浅

韠是系于祭服的革带，大夫以上称韍。韍的颜色，因尊卑而有别，尊者色深，卑者转浅：天子纯朱；诸侯黄朱，色浅于朱；大夫赤韍，色浅于黄朱。

如前所述，五方各有正色，分别为青、赤、黄、白、黑。以五正色调制而成者称为间色，间色不为人所重，如《乡党》云：“君子不以绀緅饰。红紫不以为亵服。[2]”绀，是深青中泛赤之色，用于斋戒之服。緅，绛色，用于三年之丧练服的领缘。古人以红、紫为间色，因其与妇女之服相近，故男子的贴身私居之服不用此色。

白与黑为自然界最本真、朴素之色。礼缘情而作，中国人赋予白色、黑色以最郑重的情感。缟素为白色，不仅用于丧礼，亦用于模拟的丧礼仪式中。如《曲礼下》“大夫士去国、逾竟，为坛位，乡国而哭。素衣、素裳、素冠，彻缘、鞮屦、素幂，乘髦马”，郑注：“言以丧礼自处也。”大夫士因个人或国君原因而离国，要以丧礼的规矩：“素衣、素裳、素冠，彻缘、鞮屦、素幂”。又如《檀弓上》：“国亡大县邑，公、卿、大夫、士皆厌冠，哭於大庙三日，君不举。”因战争而导致军败失地，自诸侯至于士，均要戴“厌冠”，即丧冠[3]，以示哀伤。

在特殊情况下，一冠而有二色，如《玉藻》“缟冠玄武，子姓之冠也”，父亲身有丧服，其子（即“子姓”）虽年幼，但其冠亦不得用平时之色，而要有所变化：卷（即“武”）用玄色，是吉；冠用缟色，是凶。此即“吉中杂凶”“不纯吉”。颜色在日常生活中用到如此细密的程度，恐怕举世罕有。

---

[1]《礼记正义》卷三十一《礼运》，上海：上海古籍出版社，2008年，第922页。

[2]《四书集注》，长沙：岳麓书社，1987年，第172页。

[3]《礼记正义》卷十一《檀弓上》，上海：上海古籍出版社，2008年，第339页。

孔子将“以天下为一家，中国为一人[1]”作为文化建设的终极目标，展示了他的雄才大略。实现这一项旷世无双的伟大工程，不是依靠暴政与胁迫，而是以仁为灵魂，唤起民众的爱心；以礼为规范，指导民众的行为；以服饰作为民族统一的文化标志，使民众“皆感义怀德而归之”[2]，其中的智慧，令人感慨万千！

本论文为国家社科基金重点项目——中外典礼制度比较研究（项目号17@ZH009）成果。

彭林，清华大学中国经学研究院，教授

❶《礼记正义》卷三十《礼运》，上海：上海古籍出版社，2008年，第914页。
❷《礼记正义》卷三十《礼运》，上海：上海古籍出版社，2008年，第915页。

03

社会生活史教学中的服饰：一点心得

赵冬梅

摘　要 | 我在北京大学最早开设“中国古代社会生活史专题”课程，其关注重点是日常生活史。我的“日常生活”分为“生活的日常”与“生命的日常”两部分。“服饰”是“生活的日常”的组成部分，授课主要围绕服饰材料的演进、服饰外在形态的变化以及有关服饰的制度与文化三部分展开。孙机等前辈学者的研究是授课的依据。最后是三点感想：第一，高水平的服饰史研究应当追求“意义”，才能建立沟通；第二，关于礼服，仪式感的建立需要服饰的帮助，华夏民族礼服系统的重建，应当首重精神层面的挖掘；第三，历史地看，服饰自由来之不易，应当珍惜。

关键词 | 日常生活史、教学、服饰

Perspectives on Teaching Costumes in Social Life History

Zhao Dongmei

Abstract: The author initiated the course of “Ancient Chinese Social Life History Program” at Peking University, focusing on daily life history. “Daily life” in this context is composed of “life routines” and “routine life”. Costumes are part of life routines. This course revolves around the evolution of costume materials, costume transformation and relevant regulations and cultures, with Sun Ji and other senior scholars’ research as the evidence. This article puts forward three points: first, a quality costume history research should aim at "significance" to realize effective communication; second, ceremonial attire helps foster a sense of ceremony, and thus it is advisable that the restoration of Chinese nation's ceremonial attire tradition should begin with spiritual issues; third, historically, the freedom of clothing was gained through painstaking efforts, which need to be cherished.

Keywords: social life history, teaching, costumes

我来参会的唯一一个属于我自己的资格，就是我上的“中国古代社会生活史专题”这门课。我想说说我在这门课教学中所获得的关于服饰的一点心得。首先简单介绍一下这门课：“中国古代社会生活史专题”在北大历史系是我最先开出来的，之前我们没有这个课。就北大历史系的传统来讲，考古系分出去以后，我们的关注重点和核心是制度史，我本人也是从制度史研究入门，进而进入政治史、政治文化史领域。我现在正在进行的，寇准、司马光等宋代人物的研究也是政治文化研究的一部分。

中国古代生活史的复兴从20世纪80年代中期就已经开始，基本上是南开大学和《历史研究》杂志在主导。我讲课前梳理学术史时发现，在社会史研究复兴的过程之中，北大历史系一直“置身事外”——我想这可能跟我系雄厚的制度史、政治史研究传统有关——已有重点，无暇他顾。但是，我们系另有一个非常优秀的传统，就是相对来说比较宽容，尊重教师的研究兴趣与创造性。很多年以前，当我这么一个初出茅庐的年轻教师说要开一门前所未有的新课的时候，系里没有任何犹豫，于是北大历史系的“中国古代社会生活史专题”课程诞生并存在至今。

虽然这门课以“社会生活史”为题，但实际上我真正关注的是其中的“日常生活”部分，我自己更愿意称它为“中国古代日常生活史”。“日常”跟“历史”（的研究和记录）可以说是“八字不合”，“日常”通常不被记载。因为“历史”和新闻一样，关注的是特别的事物。历史学关注的是变化、是转折，是“非日常”的东西。“日常”被认为是人所共知的，因而是无须记载的。然而，随着时间的流逝，曾经人们所共知的“日常”会变得全然陌生，需要通过研究加以辨析才能获得认识。在更长时段当中，“日常”也是变化的，只不过“日常”的变化静水流深，通常需要相当长的时间才能完成；而且，由于记载的缺失，“日常”实际上更加难以捕捉和描述。

在所有的“日常”当中，最难捕捉的“日常”是“生活的日常”，这是最普通、最寻常的“日常”。我把“日常生活”区分为两种，一种是“生活的日常”，指衣食住行等物质生活方面的实况；一种是“生命的日常”，指个体生命在从生到死的过程当中可能的遭遇，包括群体的生存状态和个体的生命轨迹。在不同的时代之中、在不同的制度背景和文化背景之下，不同阶层、不同性别的男男女女有着全然不同的生命状态。

在“日常生活”的教学当中，我常常提醒我的学生，研究必须从“常识”出发，而不同时代的“常识”是不一样的。比如，今天我们视为封建迷信的诸如“天命”“天人感应”等，其实曾经是古人信仰和知识谱系当中非常重要的一个组成部分。每个时代的人都会从自己的“常识”背景出发做出判断。同样的事物，不同的“常识”背景，判断不同。只有了解古人的“常识”背景，才能真正理解古人。

以上就是我的“中国古代社会生活史专题”课程的一个简单介绍。以下谈谈我在课程教学中所感知到的服饰。

“生活的日常”主要是食、衣、住、行四个方面，“衣”或者说“古人生活中的服饰”是一定要讲的。我从来没有在这个领域发表过任何文章，讲课主要依靠在座各位，特别是孙机先生的卓越成果。我主要涉及的内容包括：一是服装材料的演进，二是服装形态的演变，三是服色制度和服饰文化。古人对于服饰形态的演变有着直接的体察，比如南宋陆游《老学庵笔记》中记录了一个小故事，说有个叫翟伯寿的人“巾服一如唐人，自名唐装。”他还有个好搞怪的朋友许彦周。有一天，翟伯寿去看许彦周，许彦周梳着“鬔髻”，穿着“犊鼻裈”，脚踩“高屐”，就迎出来了。翟伯寿看得愕然。许彦周说：“我穿的是‘晋装’，这有什么好奇怪的？！”宋人的日常服饰与“唐装”不同，与“晋装”也不同，这就是宋人在日常生活中直接感受到的服饰的时代之变。随着时代的演变，很多名称仍在，但是他们的实际形态已经难以知晓，比如袴褶，唐代后期还是上朝穿的服装，到了宋末，像马端临这么博学的人，竟然不知道“所谓袴褶者，究竟是一物乎，二物乎？”在诸如此类的问题上，今天的人反而更有发言权，因为我们有考古实物可以依凭。沈从文先生对“深衣”形态的辨析，孙机先生对“袴褶”形态的研究，都是典范。

在对日常服饰长时段演变的学习中，学生可以感受到一个不一样的历史中国，或者说，中国历史的不同面向，这个中国更开放、更包容。在这里我要再次提到孙机先生，孙机先生对于华夏男子首服从“冠”到“幞头”再到满式冠帽演变过程的梳理，让我们具体而微地看到了华夏文明与周边文明的碰撞与融合，可以呼应费孝通先生“中华民族多元一体结构”的学说。

最后，谈几点感受。

第一，关于服饰史研究论著的意义。在服饰领域，我只是一个拾人牙慧的讲述者，而非研究者。其实不止服饰，我本人在日常生活的每一个领域里都没有写过真正的

"论文"，我只写过《辽宋西夏金大通史》中的饮食部分，那其实也是一种讲述，而非研究。我之所以从来没有进行过论著的写作，一个很重要的原因就是，从我的学术背景来讲，我不知道怎样写一个日常生活方面的论文。在我的学术训练里，"考据"是写论文很重要的部分，但是考据仍然被认为是技术性的，真正要构成一个相对而言比较像样的文章的话，我的学术训练会特别要求要有"义理"——必须要抓住一些什么东西，让文章"立起来"。也就是说，在介绍性的内容之外，必须要提供意义。

而日常生活史的"意义"其实不容易建立。在我的观察之中，日常生活史的研究往往是介绍性的。我用得比较多的是中国社科院那套分断代的《中国古代社会生活史》。我非常佩服当年的社科院学者们在史料方面下的功夫，因为那套书是在数据库的建设还很不完善之时写作的，而书中所说的事物多数属于"边角余料"，非有一定史料功夫不能搜讨。但是，从整体上看，这套书提供了相当多的点状的知识，这些知识点就如同一颗颗圆润的珍珠，但把它们放在一起，很难构成图像，生成所谓的"意义"。

就本人阅读所见，在日常生活史的论述中，在意义构成方面，孙机先生是特别值得佩服的。比如，孙先生对中国古代冠制演变的研究，在具体形制的辨析之外，还给出了一个长时段的变化脉络，划分了不同阶段并赋予每个阶段名称和意义。这是一篇高水准的学术论文。这样的论文，我觉得自己可能写不出来，就没有写过。我很惭愧没有什么创造性的东西可以跟大家分享。但是我想，这样的论文应当成为研究者的标杆，因为只有这样的论文才可以对非本领域的学者构成吸引，才有对话的可能。

第二，关于礼服。据我粗浅的阅读体会，礼服多半是过时的。部分过时的服装形制会沉淀下来，进入礼服的序列，如进贤冠，最初是兼具实用性和礼仪性的帽子，后来，当它被幞头取代之后，就完全变成了礼仪性的东西，梁的数量成为品阶的外在表达形式。礼服过时又繁复，所以，朱熹在提到礼服时就曾经抱怨，这东西平常人们都是收起来，束之高阁的，久而久之，它就变得破烂了。元代陶宗仪曾经记录下礼服穿戴次序的歌谣，可见很多人是不会穿的。礼服具有过时性，又具有神圣性。传说中的周制是礼仪秩序的开端，周代因而也就成为礼仪正统性的来源。在中国古代的服制演变过程中，每一次制礼作乐都会回向《周礼》，或者说回向"汉人记忆的周礼"。

礼服是仪式感的外在体现，但中华民族如今已经失去了自己的民族服饰系统。比如今天在座的诸位，包括我本人在内，穿的都是"胡服"，没有一位穿的是我们的民族服装。在服饰上，传统与现代完全断裂了。这种断裂，不能全部归咎于现代化或者新文化运动——中华民族在历史上就是一个非常善于抛弃过去、拥抱新事物的民族。从逻辑上，我赞成我们应该重新找回“仪式感”。但是找回仪式感究竟是要回向哪里去？若要回到华夏衣冠，那么应该是唐？是宋？还是其他什么时期？更进一步追问，倘若我们要建立自己的礼服系统，究竟是单在物质层面上做文章，还是要在精神层面上找到华夏礼制的核心内容？我赞成精神层面的回向，而不是简单的外在形式的回归。找到了精神实质，外在的东西会变得更容易。

第三，关于穿衣戴帽的自由。我们今天享有穿衣戴帽的自由。这种服饰自由其实是非常难得的，它有一个不断演进的过程，经历了伟大的艰难的进步。自由来之不易，必须珍惜。而这种珍惜之情，只有在了解过去之后才能获得。这是我们介绍服饰史的重要现实意义之一。

赵冬梅，北京大学，教授

04 朝鲜时代卤簿制度与仪仗军服饰

[韩] 李恩珠

摘　要 | 本文旨在参考中国与朝鲜的古代文献及朝鲜时代的服饰遗物，来研究朝鲜时代的卤簿和仪仗制度，并阐释仪仗军服饰。研究结果如下：卤簿是对仪仗和护卫的记录，其中包含多种仪仗物，此概念时有混用。卤簿和仪仗制度用来提高使用者的权威，根据使用者和礼仪种类的不同，卤簿制度亦各有区别。朝鲜初期规定了7种制度，朝鲜后期具体化为19种制度。仪仗军是指“仪仗奉持军”，其服饰由“工曹济用监”提供。根据仪仗物的不同分类，朝鲜初期使用5种仪仗军服饰，朝鲜后期仪仗军服饰减少为3种。

关键词 | 朝鲜时代、卤簿制度、仪仗军服饰

The Imperial Guard System and the Imperial Guard Clothing of the Joseon Dynasty

Lee Eunjoo

Abstract: The purpose of this article is to examine the imperial guard system and Uijang（仪仗）system of the Joseon Dynasty and to reveal the imperial guard clothing by referring the ancient records and costumes relics of the Joseon Dynasty. The results are as follow. The imperial guard was the meaning of record that includes Uijang and escort, which symbolized a special status, and it was found that various Uijangmul（仪仗物）were included in it. However, the concept was sometimes used interchangeably. The imperial guard system and Uijang system were used as a means to increase the user' s authority, and various imperial guard system existed according to the user and ritual types. At the beginning of Joseon Dynasty, a system using 7 kinds of Uijang was prescribed, but in the late of the Joseon Dynasty, it was specified as a system using 19 kinds of Uijang. The imperial guard means Uijang Bongji-gun（奉持军）, which means a soldier supporting the Uijang. The imperial guard clothing were provided by the Jeyong-gam（济用监）of Gongjo（工曹）, and the clothing type were distinguished according to the type of Uijangmul. At the beginning, the imperial guard clothing were 5 species, but in the late of Joseon Dynasty, it was simplified and 3 species of clothing were used.

Key words: Joseon dynasty, the imperial guard system, the imperial guard clothing

一、序论

韩国的古代王室或者官衙举行朝会、祭祀、外出、游园、巡视等活动时，为彰显礼仪和规格，凸显主人公的威严，会使用多样的象征物。这些象征物被称为“卤簿”或“仪仗”“仪仗物”。

源于中国秦汉时期的卤簿、仪仗制度，从高丽时期延续至朝鲜时代，成为朝鲜半岛礼制的重要构成部分。根据仪制，卤簿和仪仗的规模有所不同，可大略分为大驾、法驾和小驾等，仪仗物的种类和个数各有区别。同时，手持仪仗物的人员服饰也有特殊规定。随着时间的推移，仪仗物的种类、个数以及仪仗军的服饰有所变化。

本文将简略分析朝鲜时代卤簿、仪仗制度的特征，并划分前后期，对朝鲜时代仪仗物的种类、仪仗军服饰的种类及其发型和装束等进行研究。

二、朝鲜卤簿、仪仗制度的变迁与特征

《周礼》载，仪仗根据统治者身份而不同，种类、个数按等级区分，设“司常”管理。[1]《史记·留侯世家》载“得力士，为铁锥重百二十斤。秦皇帝东游，良与客狙击秦皇帝博浪沙中，误中副车。”这是秦朝时有关“卤簿”的记载，但是有关“卤簿”的具体记载到汉朝时才开始出现。[2]“卤簿”与“仪仗”有时同义混用，有时也区别开使

[1]《周礼》卷六《春官宗伯》，中国哲学书电子化计划，https://ctext.org/rites-of-zhou/chun-guan-zong-bo/zhs. 搜索日期2016-05-19.

[2] 仪仗，韩国民族文化大百科，http://terms.naver.com/. 搜索日期2016-05-19.

用。1450年《世宗实录》中载“大驾仪仗”[1],《国朝五礼仪》中载“大驾卤簿”，实为同一内容。但“卤簿”与“仪仗”也有严格划分。

（一）卤簿与仪仗的概念

《大明集礼》卷四十二《仪仗》总序中详细记述了“仪仗”的意义。“仪仗”是为提高君主权威、警戒臣子，归根结底是为区分君臣上下所设。古人创设旗、盖、幢之形，以慎出入、严尊卑[2]。而为“慎出入、严尊卑”创设之物就是“仪仗”“仪仗物”。

东汉蔡邕《独断》中记述“天子出，车驾次第，谓之卤簿，有大驾，有小驾，有法驾。[3]”汉应劭在《汉官仪》中解释道:“天子出，车驾次第谓之卤，兵卫以甲盾居外为前导，皆谓之簿，故曰卤簿。”[4]

《大明集礼》卷四十五《卤簿》总序记述“卤，大盾也。簿，籍也。唐制四品以上皆给卤簿，君臣皆用卤簿。”[5]即,“卤簿”包含“帐簿”之意，指出行时列队扈从的人、物集合的整体。因此“卤簿”一词具有更全面的意义，指“持奉仪仗、仪仗物的方阵或队列”。

“仪仗”的“仪”指“威仪”,“仗”指矛、刀等兵器，也泛指旗帜刀剑[6]。“仪仗”从狭义上讲是卤簿的组成部分，指礼制上使用的武器或器物等。因此可以说，“仪仗”一词广义上虽可作“卤簿”使用，但本身更侧重指具体的“仪仗物”。

“卤簿”和“仪仗”两词最初虽是不同的概念，但被混用已久。至朝鲜时代，则根据其侧重的概念不同，用词也有所差异。因此本文将根据具体情况分别使用“卤簿”“仪仗”“卤簿、仪仗”等词。

（二）朝鲜的卤簿、仪仗制度

朝鲜的卤簿制度源自古代中国。唐朝时期，在准备皇帝的仪仗时，欲突出皇权及其仪仗体系，这样的传统沿袭至宋明两朝。宋朝的《大驾卤簿图书》[7]，是展示宋朝皇帝

---

[1]《世宗实录》卷五十九，世宗十五年三月二十四日（丁丑）。

[2]《大明集礼》卷四十二《仪仗》总序：“昔者轩辕氏创旗盖麾幢之容列卒伍营卫之警所以谨出入之防严尊卑之分而示天下后世以至公之制也盖人君者天下之至尊也”。

[3] 蔡邕：《独断》卷下，中国哲学书电子化计划，https://ctext.org/duduan/zhs. 搜索日期2016-05-19.

[4] 卤簿，https://zh.wikipedia.org/. 搜索日期2016-05-19.

[5] 徐一夔：《大明集礼》卷四十五《卤簿》总序，嘉靖九年内府刊本。

[6] 仪仗，韩国民族文化大百科，http://terms.naver.com/. 搜索日期2016-05-19.

[7] 中国历史博物馆. 华夏之路［M］. 北京：朝华出版社，1997：238-243.

卤簿的重要资料。

有学者认为卤簿制度在朝鲜半岛由来已久，但史书载明是始于高丽时代。据推断，朝鲜王朝建国初期曾沿袭使用高丽时期的仪仗物，但在与明朝建立外交关系后，逐步完善其制度，并采用了诸侯国礼制。同时其在仪仗物数目上，并未原封不动地接受中国的仪仗制度，而是根据朝鲜的实情，增减了仪仗物的数量，并依据材料制定了相应的仪仗物[1]。在《世宗实录》中有关“仪仗物”的记述很多，由此可见世宗时期曾进一步完善仪仗制度。

1．朝鲜时代的卤簿、仪仗制度资料

（1）朝鲜前期卤簿、仪仗制度资料。

《世宗实录·五礼》中嘉礼、序例、卤簿部分记载着卤簿种类及个别仪仗物的图解。其中介绍了：①大驾卤簿；②法驾卤簿；③小驾卤簿；④中宫卤簿四种具体的卤簿构成。在《卤簿图说》中也有“红门大旗”等62种仪仗物的图片和简介[2]。

成宗时期的《国朝五礼序例》卷二《嘉礼》重新整理收录了世宗时期的“卤簿、仪仗”制度，但局限于对礼仪、仪式、节次的阐释，而在制度的实际执行上还有讨论的余地。因此，它按照五礼的顺序解释了制度执行所需的参考事项，并附上了图解。

成宗时期成书的《国朝五礼序例》卷二记载了：①黄仪仗；②红仪仗；③大驾；④法驾；⑤小驾；⑥王妃仪仗；⑦王世子仪仗七种卤簿[3]。与《世宗实录·五礼》相比，《国朝五礼序例》对卤簿的划分更为详细，并对不同卤簿的仪仗、侍位、仪仗军等的排列顺序以及仪仗军的服饰等有所说明。

（2）朝鲜后期卤簿、仪仗制度资料。

1751年（英祖二十七年）编纂的《国朝续五礼序例》中记载了朝鲜后期重新完善的卤簿制度。大的变化是将属于形名的交龙旗和纛包含在了卤簿中，但不包括在仪仗物中。同时《国朝续五礼仪补序例》中首次增补了王世孙和王世孙嫔的仪仗[4]。1780年在《春官通考》中又出现了这种已经发生变化的制度。

除以上典籍外，专门整理记录卤簿的文献还有英祖时期的《卤簿式》（1762年）、

---

❶《世宗实录》卷五十二，世宗十三年七月十九日（辛巳）。

❷《世宗实录·五礼》，《嘉礼序例卤簿》，端宗二年刊本。

❸ 姜希孟：《国朝五礼序例》卷二《嘉礼卤簿》，成宗五年刊本。

❹《国朝续五礼仪补序例》，英祖二十七年刊本。

正祖初期的《正衙朝会之图》《仪仗班次图》（1787年左右）、纯祖时期的《各殿宫动驾仪节》（1811年）等。以上的记录虽多少有些变化，但保留了前期的体制，也表现出细化和增加仪仗种类的倾向。

2. 主要卤簿、仪仗

朝鲜前期1474年（成宗五年）成书的《国朝五礼序例》记载了：①黄仪仗（37柄）；②红仪仗（23柄）；③大驾卤簿（165柄）；④法驾卤簿（110柄）；⑤小驾卤簿（56柄）；⑥王妃仪仗（55柄）；⑦王世子仪仗（35柄）七种仪仗。

朝鲜后期1751年（英祖二十七年；英祖1725～1776年在位）成书的《国朝续五礼序例》中记载了国王仪仗：①大驾道驾；②法驾道驾；③小驾道驾（56柄）。此外，还增加了：④祈雨祭小驾（38柄）；⑤王世子嫔仪仗（19柄）。王妃仪仗和王世子仪仗与朝鲜前期相比没有变动，因此没有相关记录。另外，1751年成书的《国朝续五礼仪补序例》中又增加了：⑥王世孙仪仗（19柄）；⑦王世孙嫔仪仗（8柄）。英祖时期卤簿的特征是增加了象征王权的纛及交龙旗。在这一点上与前期的卤簿有很大的不同。但是纛与交龙旗不计算在仪仗的数目内。

正祖（1777～1800年在位）年时期的《仪仗班次图》明确提出仪仗数目，与前期相同。规定：①大驾（165柄）；②法驾（110柄）；③小驾（56柄）；④祈雨祭（38柄），此外还有：⑤影帧细仪仗（31柄）；⑥细仪仗（30柄）；⑦王世子仪仗（35柄）；⑧王世孙仪仗（19柄）；⑨王妃仪仗（55柄）；⑩王世子嫔仪仗（21柄）；⑪惠庆宫仪仗（45柄）；⑫嘉顺宫仪仗（3柄）。这其中增加了影帧细仪仗、细仪仗、惠庆宫仪仗以及后宫仪仗嘉顺宫仪仗。纯祖时期（1801～1834年）的《各殿宫动驾仪节》记载：①王大妃（55柄）；②中宫殿（55柄）；③惠庆宫（45柄）；④嘉顺宫（45柄）；⑤元子宫（1柄）；⑥庆寿宫（53柄）[1]仪仗。增加了国王生母嘉顺宫的仪仗数目，增加了元子宫和庆寿宫仪仗。

朝鲜王室使用的仪仗物种类总共为68种。可以分为以下8类：①仪仗旗24种；②仪物20种；③器物6种；④形名5种；⑤幢4种；⑥扇4种；⑦伞3种；⑧盖2种。属于仪仗旗（24种）和仪物（20种）的仪仗物占大比重。仪仗物的类型和个数根据卤簿、仪仗的规定决定。

朝鲜后期仪仗的种类进一步细分化，有关使用者的记录也更加具体化。朝鲜后期

---

[1] 正祖的后宫（1765—1824，1780年入宫）。

确定了19种仪仗种类。本文只研究朝鲜前期制定的7种主要卤簿。

（1）黄仪仗。

黄仪仗是在接受明皇帝诏敕或是向明皇帝拜表时使用的仪仗。仪物同阙庭仪仗❶皆为37柄。黄仪仗以黄清道旗和黄盖、黄凤扇、黄龙扇、黄阳伞、黄龙亭等象征皇帝的黄色仪仗物为特征。

（2）红仪仗。

红仪仗的仪仗物为23柄。千秋节拜笺时使用，仪仗物同宫廷仪仗❶。从一对令字旗起，青凤扇2柄、红凤扇2柄、红阳伞、鼓吹、香亭、至青龙亭止。

（3）大驾仪仗。

大驾仪仗是在诏敕迎接、宗庙祭祀、祭社稷、国葬、嘉礼（始自英祖）等场合使用，共165柄组成。其仪物同殿庭大杖❷，从红门大旗起，至后殿大旗结束。从第四排开始有六丁旗，左右各站3柄。左排丁巳旗、丁卯旗、丁丑旗排列，右排丁未旗、丁酉旗、丁亥旗。只有六旗完备才可称为大驾卤簿。典礼书记载举旗的仪仗军着青衣、皮帽，但在大部分的仪轨班次图中仪仗军皆着红衣皮帽（图1）。可见文字记载和图片有所不同。

图1 大驾仪仗的红门大旗和六丁旗局部（丁巳旗、丁卯旗、丁丑旗）
（1834年，《纯祖国葬都监仪轨下》，第252页）

❶ 姜希孟：《国朝五礼序例》卷二《嘉礼卤簿黄仪仗》，成宗五年刊本。

❷ 姜希孟：《国朝五礼序例》卷二《嘉礼卤簿大驾》，成宗五年刊本。

（4）法驾仪仗。

法驾仪仗在祭祀文昭殿、先农、文宣王（孔子）时，射箭场观看射箭和武科殿试时使用。法驾仪仗共110柄，左右一对红门大旗起，左右一对后殿大旗止。法驾不使用六丁旗。因此有红门大旗，但没有六丁旗的卤簿可判断为法驾卤簿。法驾仪仗又称为“半仪仗”或“半仗”❶。

（5）小驾仪仗。

小驾仪仗在拜谒皇陵等御驾出宫时使用。总共56柄，以朱雀旗和白虎旗起，至御辇后的青扇止。简单而言，没有红门大旗，即可判断为小驾。

（6）王妃仪仗。

王妃仪仗比国君的小驾仪仗少1柄，由55柄构成。王妃仪仗的特征是一对白泽旗。如图2所示，从一对白泽旗起，且旗帜只有白泽旗，轿后一对青扇止。轿子前使用红阳伞。

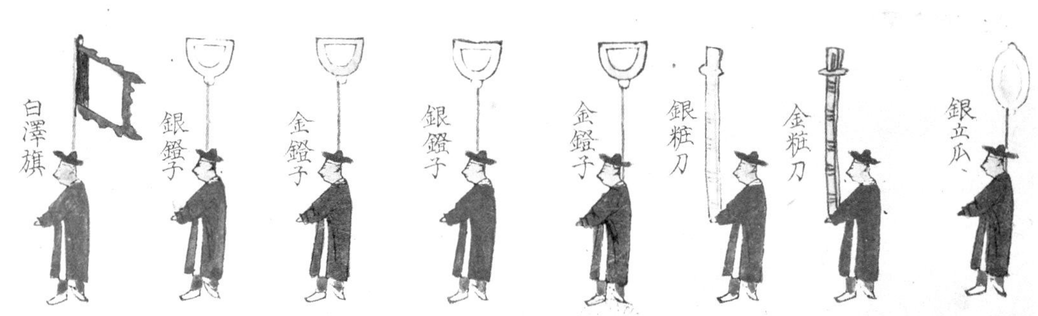

图2 由白泽旗起始的王妃仪仗（1802年，《纯祖纯元王后嘉礼都监仪轨下》，第306页）

（7）王世子仪仗。

王世子仪仗共35柄。如图3所示，以一对麒麟旗起，轿后一对青扇止。王妃仪仗的特征是只使用白泽旗一种旗帜，而王世子仪仗的特征是使用麒麟旗。之外还使用白泽旗一对，玄鹤旗1柄，白鹤旗1柄，驾龟仙人旗一对，旗帜总共有5种8柄。与王和王妃的红伞不同，王世子仪仗使用的是青阳伞，以红色和青色区分王妃以上的身份和王世子以下的身份。

总结仪仗使用的几个特点：一是王室成员的身份可能随着时间和特定事件变化。身份变化时仪仗的构成和个数也随之不同。二是可根据情况灵活使用仪仗和仪仗军

❶ 姜希孟：《国朝五礼序例》卷二《嘉礼卤簿法驾》，成宗五年刊本。

服饰。三是卤簿的管理和运营以及仪仗军由兵曹负责，仪仗军服饰则由工曹济用监负责。

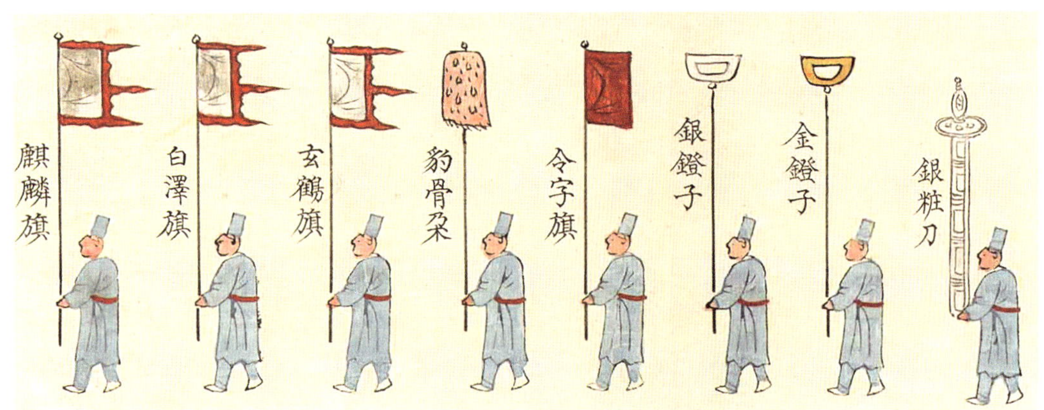

图3 由麒麟旗起始的王世子仪仗（1816年，《孝明世子册礼都监仪轨》，第283～284页）

（三）各类卤簿、仪仗的仪仗物类型

18世纪之前的各类卤簿、仪仗的仪仗物类型如表1所示，19世纪后各类卤簿、仪仗的仪仗物类型如表2所示。

表1 15～18世纪卤簿、仪仗种类

卤簿种类	仪仗物类型				
	大·中·小旗	伞·扇·盖	银马杌	器物（交椅等）	幢·仪物
黄仪仗（37柄）	•	•	—	—	•
红仪仗（23柄）	—	•	—	—	•
大驾卤簿（165柄）	•	•	•	•	•
法驾卤簿（110柄）	•	•	•	—	•
小驾卤簿（56柄）	•	•	•	—	•
王妃仪仗（55柄）	•	•	—	•	•
王世子仪仗（35柄）	•	•	—	—	•
影帧细仪仗（31柄）	•	•	—	—	•
行用细仪仗（30柄）	•	•	—	—	•
惠庆宫（45柄）	•	•	—	•	•
后宫嘉顺宫（3柄）	—	•	—	—	—

表2 19世纪以后卤簿、仪仗种类

卤簿种类	仪仗物类型				
	大·中·小旗	伞·扇·盖	银马杌	器物（交椅等）	幢·仪物
黄仪仗（37柄）	•	•	—	—	•
红仪仗（23柄）	—	•	—	—	•
大驾卤簿（167柄）	•	•	•	•	•
法驾卤簿（112柄）	•	•	•	•	•
小驾卤簿（58柄）	•	•	•	—	•
祈雨祭小驾（38柄）	•	•	•	—	•
影帧细仪仗（31柄）	•	•	—	—	•
行用细仪仗（30柄）	•	•	—	—	•
王妃仪仗（55柄）	•	•	—	•	•
惠庆宫（45柄）	•	•	—	•	•
嘉顺宫（45柄）	•	•	—	•	•
庆寿宫（53柄）	•	•	—	•	•
王世子仪仗（35柄）	•	•	—	—	•
王世子嫔（21柄）	•	•	—	—	•
后宫（3柄）	—	•	—	—	—
元子宫（1柄）	—	•	—	—	—

三、仪仗军服饰的种类与构成

《国朝五礼序例》明确记载了有关朝鲜前期的仪仗军服饰的规定。仪仗物不同，仪仗军服饰也不同，少则使用两种服饰，多则使用五种服饰。可知根据仪仗物类型有固定的服饰。卤簿的管理和运营由兵曹下属的乘舆司负责。仪仗军也由兵曹司调遣，其服饰由工曹济用监负责。仪仗军服饰由仪仗库下属的郎厅管理[1]、济用监制作、费用由户曹承担[2]。

[1]《光海君日记》卷一四四，光海君十一年九月十八日（丁酉）。

[2]《己丑进馔仪轨》，纯祖二十九年，第12～13页。

（一）仪仗军服饰种类

1474年成宗时期的《国朝五礼序例·卤簿》记载了仪仗军服饰。按照仪仗种类，仪仗物的构成有所不同。仪仗物不同，仪仗军服饰亦有所差别。总共有五种服饰：①青衣、皮帽（仪仗旗）；②青衣、紫巾（伞、扇、盖、水晶仗、金钺斧[❶]）；③青衣、黑笠（银马杌）；④紫衣、紫巾（银交椅、脚踏、银盂、银罐，朱漆交椅、脚踏）；⑤红衣、皮帽（仪物）。

此后服饰体制没有发生变化，但在实际的运用中为追求便利性和灵活性，将服饰类型由五种减少至三种。1800年正祖国葬，仪仗军服饰为青衣、皮帽，青衣、紫巾及红衣、紫巾三种。[❷]

1811年《各殿宫动驾仪节》整理了仪仗军服饰的变化：①持旗仪仗军着青衣、花帽、红带、青行缠；②持伞、扇、盖的仪仗军着青衣、红巾、红带、青行缠；③持银罐以下的凤扇等器物、仪物的仪仗军着红衣、花帽、红带、青行缠。

（二）仪仗军服饰构成

1．冠帽类

（1）皮帽。

因皮帽由皮制成，所以也称为“皮笠”，在图示中也记录为“花帽”。前期是持旗的仪仗军及持幢、仪物的仪仗军穿戴，1800年后持奉器物的仪仗军也穿戴皮帽。根据情况也用红巾或紫巾来代替。

《仪轨》记载皮帽的材料为生牛皮、三绿、真粉、朱土、磻朱红、明油、熟麻等。[❷]生牛皮长宽各1尺1寸5分，用布帛尺计算的话大约为面积53.8平方厘米的正方形。用生牛皮制成帽子后，用半块朱土给帽子染色，用三绿6分、真粉3分、磻朱红2钱、明油3盒等画图，此外用熟麻红绳2钱制作缨子。[❸]

皮帽的样式在黑笠出现以后发生变化，由此推测皮帽的样式是按照黑笠的样式进行变化的，并且在帽顶扁平的黑笠出现前使用圆形皮帽（图4），18世纪后使用帽顶扁平的皮帽（图5）。

---

❶ 指立在水晶杖前的小金钺斧。

❷ 金恩陈，李恩珠．1800年正祖国葬仪仗军的服饰再现研究［J］．韩服文化，2016（1）：71．

❸ 朝鲜朝肃宗仁贤后嘉礼的研究．韩国文物保护财团，2004：133．

图4 肃宗时代，皮帽（《崇政殿进馔图》，韩国国立中央博物馆藏）

图5 英祖时代，皮帽（《景福宫行事图》，首尔历史博物馆藏）

（2）紫巾、红巾。

紫巾和红巾在穿着青衣和红衣时搭配。紫巾19世纪后被红巾取代，最终只使用红巾。紫巾和红巾虽然颜色不同，但材料和制作方法一致。使用两层的棉布，在表层和里层放上生布芯，围成头围大小的直挺的圆筒后压平，将左右两侧叠出10厘米左右的褶皱，再将上部缝合。上边缝制3个小的棉铃，下边缝绳系在下颌。

昌德宫收藏的巾上沿缀有3个1.2厘米大小的小棉铃。巾高26.5厘米，上沿宽13.5厘米，左右各叠5厘米，共10厘米，下围约等于头围（图6）[1]。其颜色应如图7所示。

（3）黑笠。

黑笠是银马杌仪仗军搭配青衣穿戴的帽子。戴黑笠时穿着青衣帖里。黑笠作为朝鲜时代的代表官帽，随着时代的流行，帽顶的样式和高低长宽等也发生变化。例如从日本天理大学所藏的《金时习（1435—1493）肖像画》（图8）[2]中可见15世纪中期的黑笠，帽顶为圆形。从1572年的名作《金琏（1500—1580）肖像画》（图9）[3]可见黑笠样式发生了变化。因此可推测，持奉银马杌的仪仗军穿戴的也是跟随时代潮流的黑笠。平帽顶的黑笠最早见于1669年（显宗十年）《神德王后祔庙都监仪轨》班次图（图10）。[4]

---

❶ 朝鲜时代宫中服饰. 文化公报部、文化遗产管理局，1981：18.

❷ 李康七，等. 历史人物肖像画大辞典［M］. 玄岩出版社，2003：67.

❸ 书生，其魅力与生活的世界. 韩国国学振兴院，2002：19.

❹《神德王后祔庙都监仪轨》,《外奎章阁仪轨》，朝鲜王朝显宗十年，第385页。

图6 昌德宫藏，巾（《朝鲜时代宫中服饰》，第18页）

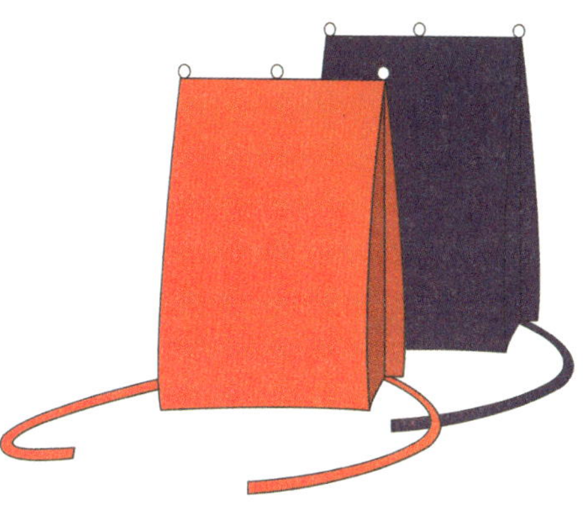

图7 红巾、紫巾示意图

图8 15世纪《金时习肖像画》的黑笠（《历史人物肖像画大词典》，第67页）

图9 16世纪《金琟肖像画》的黑笠（《书生，其魅力与生活的世界》，第19页）

图10 17世纪黑笠（《神德王后祔庙都监仪轨》，第385页）

黑笠的材料也很多样。初期在草笠上涂黑漆制成黑笠，但渐渐按照身份的不同，制作材料出现了差异。并且竹丝的粗细也根据身份不同有异。1446年（世宗二十八年）一品两班子弟戴“真草笠”，顶竹数为30根以下，坪竹数为14根以下。而平民和奴婢都穿戴“常草笠”，顶竹数要在15根以下，坪竹数要在7根以下。❶《文献通考》记载士族戴50竹草笠，平民戴30竹草笠。所谓“竹”是指编织草笠时的经丝数。❷

高官等上流阶层的“马尾笠”外罩马尾，再下一阶层的黑笠外罩黑纱，更低阶层的黑笠外罩麻布，用黑漆染色。持奉银马杌的仪仗军戴外罩麻布的黑笠。

❶《世宗实录》卷一一二，世宗二十八年五月二十五日（壬辰）。

❷ 崔英成．传统工艺文献资料集成1．清晨出版社，2018：100．

2. 服饰类

（1）青衣、紫衣、红衣、红木带。

仪仗军穿着的青衣、紫衣、红衣样式是两边敞口的长衫，即通常的小氅衣样式。国立古宫博物馆收藏着171件红衣，推测为20世纪初仪仗军的服饰，这些衣服样式较短，侧边没有摆❶。朝鲜后期仪仗军服饰与当时小氅衣的样式相似❷。

17世纪末，仪仗军服饰的下摆较宽而侧开衩较短（图11）❸，不露出里衣。18世纪后，衣服的下摆宽度则变窄，侧开衩变长，露出里衣（图12）❹。穿着时，腰系红色棉布制的红木带。

持奉交椅、脚踏、银罐、银盂等器物的仪仗军穿着紫衣（图13），持奉旗、伞、扇、盖的仪仗军着青衣（图14）。仪物奉持军穿着红衣（图15）。但紫衣逐渐被与紫色颜色相似的红衣所替代。19世纪持旗的仪仗军也穿着红衣（图16）。

（2）青衣、广多绘带。

银马杌仪仗军的青衣不同于上文提及的小氅衣样式的青衣，是专与黑笠搭配穿着的服饰，样式很可能是与黑笠搭配穿着的帖里或直领。从银马杌仪仗军的职责来看，帖里比直领更合适。腰系鸦青色或近似黑色的广多绘带。

图11 崔元立（1618—1690）墓，小氅衣（《17世纪朝鲜武官的装束》，第24页）

❶ 朝鲜朝肃宗仁贤后嘉礼的研究. 文化公报部、文物管理局，1981：85.

❷ 金雅蓝. 通过服饰考证再现福温公主婚礼迎亲班次图［D］. 龙仁：檀国大学，2013：84.

❸ 17世纪朝鲜武官的装束. 梨花女子大学博物馆，2006：24.

❹ 德国莱比锡格拉西民俗博物馆所藏韩国文化遗产. 国立文化遗产研究所，2013：204.

图12 20世纪初，小氅衣（《德国莱比锡格拉西民俗博物所藏韩国文化遗产》，第204页）

图13 朝鲜前期紫衣图示

图14 朝鲜后期青衣图式

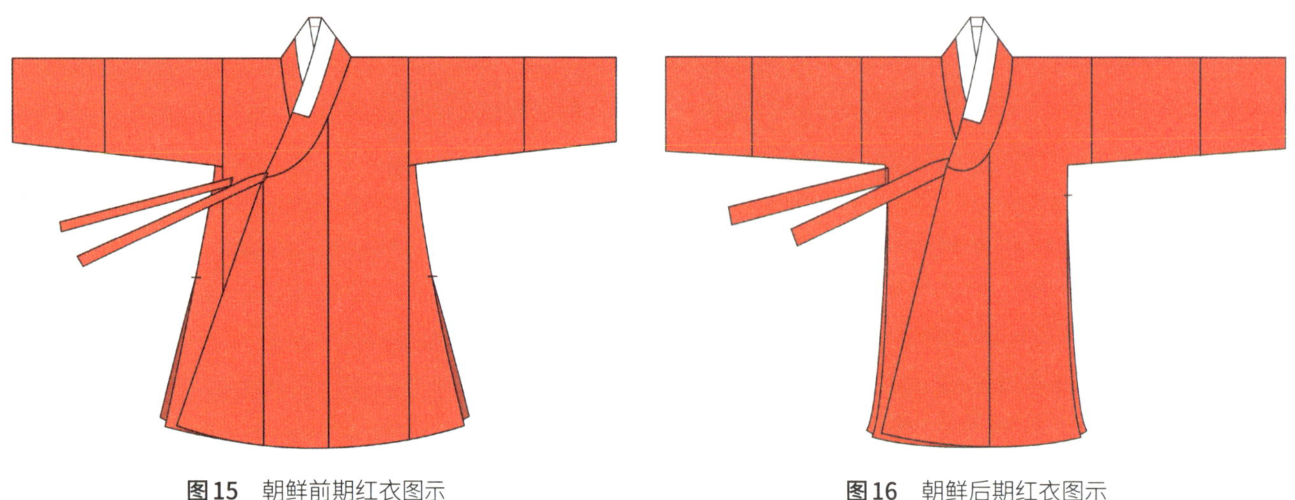

图15 朝鲜前期红衣图示　　图16 朝鲜后期红衣图示

帖里分为上衣下裳两部分，上衣和下裳的比例随时代而变化，朝鲜前期16世纪的帖里（图17）和18世纪的帖里（图18）样式也有变化。堂上官以上（正三品以上官员）的帖里使用莲花蔓草纹、云纹等花纹织物制作。而身份等级较低的仪仗军穿着的是棉布等制作的帖里。

图17 丁应斗（1508—1572）墓出土帖里（檀国大学石宙善纪念博物馆藏）

图18 李益炡（1699—1782）墓出土帖里（檀国大学石宙善纪念博物馆藏）

（3）青行缠、云鞋（共通）。

为方便行动，仪仗军在小腿上绑着青行缠（图19）。青行缠也被称作青行縢，因其下端尖，故亦称耳行缠。图20是16世纪李应台墓中出土的行缠。剪裁和制作方法见图21和图22。

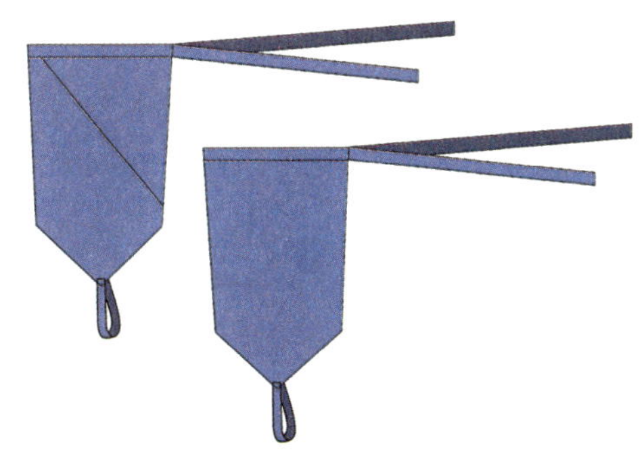

图19 青行缠侧面示意图

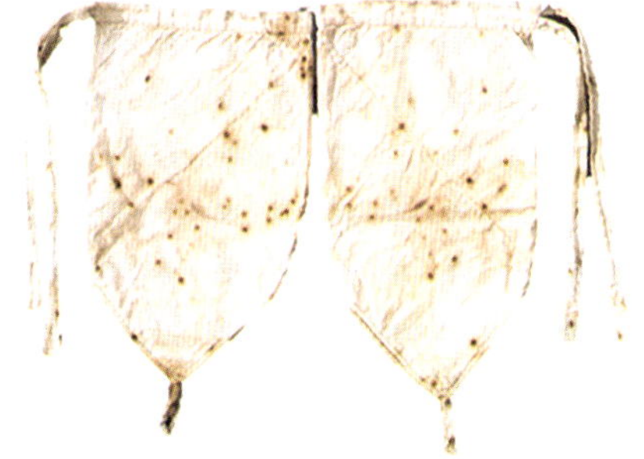

图20 李应台（1556—1586）墓出土行缠（国立安东大学博物馆藏）

图21 青行缠剪裁图

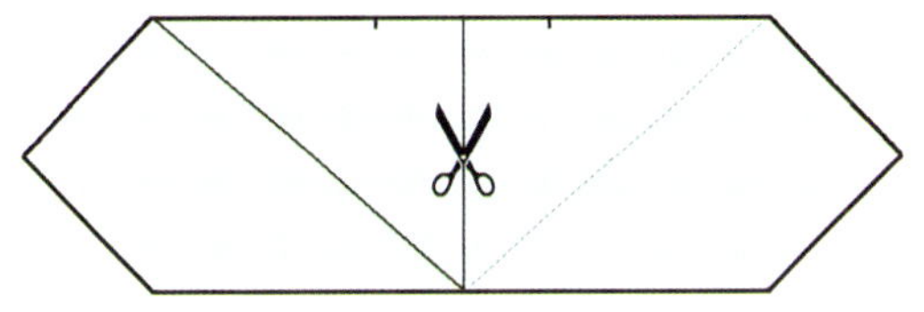

图22 一对青行缠的剪裁方法

上文所述朝鲜仪仗军服饰种类及时代变迁情况见表3。

表3 朝鲜仪仗军服饰的种类及变迁

<table>
<tr><td rowspan="2">时代</td><td colspan="5">仪仗物类型</td></tr>
<tr><td>大·中·小旗</td><td>伞·扇·盖</td><td>银马杌</td><td>器物（交椅等）</td><td>幢·仪物</td></tr>
<tr><td rowspan="2">着装样式（17世纪前）</td><td>青衣·皮帽</td><td>青衣·紫巾</td><td>青衣·黑笠</td><td>紫衣·紫巾</td><td>红衣·皮帽</td></tr>
<tr><td></td><td></td><td></td><td></td><td></td></tr>
<tr><td>着装样式（18世纪）</td><td></td><td></td><td></td><td></td><td></td></tr>
<tr><td rowspan="2">正祖国葬（1801年）</td><td>青衣·皮帽</td><td colspan="2">青衣·紫巾</td><td colspan="2">红衣·紫巾</td></tr>
<tr><td></td><td colspan="2"></td><td colspan="2"></td></tr>
<tr><td rowspan="2">各殿宫动驾仪节（1811年后）</td><td>青衣·花帽</td><td colspan="2">青衣·红巾</td><td colspan="2">红衣·红巾（花帽）</td></tr>
<tr><td></td><td colspan="2"></td><td colspan="2"></td></tr>
</table>

四、结论

参考中国与韩国古代文献，以及朝鲜时代的服饰遗物，对朝鲜时代卤簿、仪仗制度及仪仗军服饰研究结论如下：

（1）“卤簿”虽可作为比“仪仗”更广泛的概念使用，但也作为与“仪仗”同等的概念使用。卤簿、仪仗制度被用来提高使用者的权威，根据礼仪的不同存在多种仪仗。朝鲜前期的《世宗实录》和《国朝五礼序例》，朝鲜后期英祖时期的《国朝续五礼序例》《国朝续五礼仪补序例》《卤簿式》，正祖时期的《春官通考》《仪仗班次图》，纯祖时期的《各殿宫动驾仪节》等，其中都有卤簿、仪仗制度的相关记载。可知，朝鲜时代从黄仪仗至元子宫仪仗，共有19种仪仗种类。

（2）仪仗物根据物品属性可分为八类：①仪仗旗24种；②仪物20种；③器物6种；④形名5种；⑤幢4种；⑥扇4种；⑦伞3种；⑧盖2种。

（3）仪仗军服装由工曹济用监提供。根据仪仗物类型，服饰有所区别。朝鲜前期有：①青衣、皮帽（仪仗旗）；②青衣、紫巾（伞、扇、盖、水晶仗、金钺斧）；③青衣、黑笠（银马杌）；④紫衣、紫巾（器物：银交椅、脚踏、银盂、银罐、朱漆交椅、脚踏）；⑤红衣、皮帽（仪物）五种。朝鲜后期，减少为：①青衣、皮帽（仪仗旗）；②青衣、红巾（伞、扇、盖、水晶仗、金钺斧、银马杌）；③红衣、红巾/花帽（银交椅、脚踏、银盂、银罐、朱漆交椅、脚踏、仪物）三种。

作者：［韩］李恩珠（Lee Eunjoo），韩国国立安东大学，教授，博士

译者：武子莹，对外经济贸易大学，朝鲜语口译专业翻译硕士

蒋玉秋，北京服装学院，副教授，博士

05 《旧唐书·舆服志》与《新唐书·车服志》比较研究

黄正建

摘　要 | 两唐书《舆（车）服志》在服饰观念与书写方式上有所不同。《旧志》重视令式作用，强调令式规定与实际使用的不一致，《新志》则将此类叙述尽数删除，在忽视令式的同时无视服制的现实变化。《旧志》叙述服饰，分男、女服前后排列，《新志》则混同男女，均按君臣顺序叙述，反映宋代皇权的提高。《旧志》对妇女服饰从全身遮蔽到全无遮蔽持批评态度，《新志》则没有这一意识。当然，《新志》也具有追求体例严谨、用语理性等优点。

关键词 | 《旧唐书·舆服志》、《新唐书·车服志》、令式、皇权、服饰观念

A Comparative Study of *Old Book of Tang: Carraiges and Attire* and *New Book of Tang: Carraiges and Attire*

Huang Zhengjian

Abstract: The two books of *Tang: Carraiges and Attire* differ in their clothing concepts and writing styles. The *Old Book* attaches importance to the role of the order, emphasizing the inconsistency between the order and the actual use, while the *New Book* deletes all such narratives, ignoring the order and ignoring the actual changes in service system. In the *old Book*, the narrative of the men's and women's costume is arranged before and after, while the *New Book* narrative mixes men's and women's costume. They are all described in the order of monarchs and ministers, reflecting the improvement of the imperial power of the Song

Dynasty. The *Old Book* is critical of women's clothing from full body cover to full cover, while the *New Book* does not have this consciousness. Of course, the *New Book* also has the advantages of rigorous pursuit of style and rational language.

Key words: *Old Book of Tang: Carraiges and Attire*, *New Book of Tang: Carraiges and Attire*, order style, imperial power, clothing concept

研究唐代服饰，最基础的材料是两唐书的《舆服志》和《车服志》。关于这两种《志》，最详细的研究当属孙机先生的《两唐书舆（车）服志校释稿》[1]。孙机先生积数十年之力（从毕业论文撰写开始），“以《旧志》为主体，《新志》则析其内容分隶于《旧志》之下。凡《旧志》所缺而《新志》独有者，则别立专条”，分“总序、车舆”“冕服、朝服、公服”“常服、其他”三卷，用近150页的超长篇幅，对两唐书舆（车）服志进行了极为细致的研究，对每种服制都从源头、形制、演变予以分析，既有史料根据更有图像依据，言之成理，令人信服，不仅是两唐书舆（车）服志研究最重要最出色的成就，也是研究唐代服饰最基础最便于利用的成果，是对唐代服饰研究的重大贡献，值得后辈不断学习。

孙机先生的研究主要着眼于服饰的形制，这是服饰史研究的基础。除此之外，我们从《旧唐书·舆服志》（以下简称《旧志》）[2]和《新唐书·车服志》（以下简称《新志》）[3]中还能看到一些社会政治乃至观念的变化。因此不揣简陋，班门弄斧，就两唐书舆（车）服志的异同，略述己见。思虑不周，错误难免，尚乞各位方家斧正。

一、律令格式区别

唐代是中华法系最成熟的时代，律令格式体系完备，历代皇帝（特别是前期皇帝）无不重视法典的编纂和修订。以令而言，见于记载的就有《武德令》《贞观令》《永徽令》《乾封令》《垂拱令》《神龙令》《开元令》等。

唐代日常生活最主要的部分是衣食住行，但是在法典中，只有“衣”占有完整的一篇令，即《衣服令》，说明“衣”即服饰，在社会生活中占有重要地位。这一重要地

---

[1] 孙机.《中国舆服论丛》，文物出版社，初版1993年，增订版2001年。增订版第337～387页。

[2]《旧唐书》卷四五《舆服志》，中华书局，1975年。

[3]《新唐书》卷二四《车服志》，中华书局，1975年。

位的形成，实在于服饰与“礼”的关系。我们知道，“礼”的基本原则是区分上下贵贱等级，而服饰是区分等级最容易操作、最容易显现，又是最日常可知、最随处可见的道具，因此为“礼”所利用。所以我们看到，在“礼典”中除丧服制度外，有专门规定君臣服饰的篇章❶；在职官设置中，有关臣下服饰的部分，由“礼部”掌管❷；公服朝服之外的常服，规定在“礼部式”中❸。《衣服令》可说是将“礼”法典化的结果，或者说是法典儒家化的结果。

唐代君臣特别是前期的君臣，都很重视发挥《令》的作用，以至唐玄宗开元年间（713～741年）宰相牛仙客当政时，“百司有所谘决，仙客曰：‘但依《令》《式》可也。’”❹

《旧志》虽然完成于五代的后晋时期，但其主体内容抄自唐朝的法典、诏敕、奏议等❺，因此可以视为反映唐朝人观念的文字。在《旧志》中，这些文字又特别反映的是唐前期人的观念。经检查，《旧志》中有关服饰部分涉及《令》的文字大致有21处，出现得十分频繁。

律令格式体系发展到宋代，变成了敕令格式。除律旁置外，令格式或者性质有变，或者地位下降，完全不能和唐代，特别是唐前期相比。宋朝人对《令》的重视程度也就远远不能和唐朝相比了。《新志》编于宋代，不能不受此种观念的影响，因此检查《新志》，有关服饰的部分虽然很多抄自《旧志》，但作了大幅削减，尤其是删去了大量有关《令》的文字，直接提到《令》的只有4处。

以下即《旧志》和《新志》服饰部分涉及“令”的文字比较表：

❶《大唐开元礼》卷第三《序例下·衣服》，《中华礼藏》本，浙江大学出版社，2016年。

❷君主服饰归殿中省尚衣局，后妃服饰归尚服局，太子服饰归太子左春坊内直局。参见《唐六典》卷四《尚书礼部》、卷十一《殿中省》、卷十二《宫官》、卷二六《太子左春坊》，中华书局，1992年。

❸《唐律疏议》卷二七《杂律》总449条在解释“别式减一等”时举例“谓《礼部式》‘五品以上服紫，六品以下服朱’之类。”中华书局，1983年，第522页。

❹《旧唐书》卷一百三《牛仙客传》，第3196页。

❺谢保成认为《舆服志》的史源为：在“采录《大唐开元礼》的同时，又以苏氏《会要》为另一重要史料来源”。这一看法虽有可商榷处，但他认为其史源均来自唐朝资料是妥当的。谢氏看法见其主编《中国史学史》的第七编（唐史、五代史，该编为谢保成所撰），商务印书馆，2006年，第725页。

《旧志》和《新志》服饰部分涉及“令”的文字比较

序号	《旧志》服饰部分涉及“令”的文字	页码	序号	《新志》服饰部分涉及“令”的文字	页码
1	太宗又制翼善冠，朔、望视朝，以常服及帛练裙襦通著之。若服袴褶，又与平巾帻通用。**著于令**。	1937～1938	无	太宗……采古制为翼善冠，自服之。	527
2～5	显庆元年九月，太尉长孙无忌与修礼官等奏曰：准武德初撰《**衣服令**》，天子祀天地，服大裘冕，无旒。臣无忌、志宁、敬宗等谨按《郊特牲》云……后魏、周、齐，迄于隋氏，**勘其礼令**，祭服悉同……今请宪章故实，郊祀天地，皆服衮冕，其大裘请停，**仍改礼令**。又检《新礼》，皇帝祭社稷服绣冕，四旒，三章。祭日月服玄冕，三旒，衣无章。谨按**令文**是四品五品之服，此则三公亚献，皆服衮衣，孤卿助祭，服毳及鷩，斯乃乘舆章数，同于大夫，君少臣多，殊为不可……	1938～1939	1～2	显庆元年，长孙无忌等曰：“武德初，撰《**衣服令**》，天子祀天地服大裘冕。按周郊被衮以象天……后魏、周、隋皆如之。伏请郊祀天地服衮冕，罢大裘。又新礼，皇帝祭社稷服絺冕，四旒，三章；祭日月服玄冕，三旒，衣无章。按**令文**，四品、五品之服也。三公亚献皆服衮，孤卿服毳、鷩，是天子同于大夫，君少臣多，非礼之中……	528
6～8	无忌等又奏曰：“皇帝为诸臣及五服亲举哀，依礼著素服。**今令乃云**白帢，**礼令乖舛**，须归一塗。且白帢出自近代，事非稽古，**虽著令文**，不可行用。请改从素服，以会礼文。”制从之。	1939	3	无忌等又曰：“礼，皇帝为诸臣及五服亲举哀，素服，今服白袷，**礼令乖舛**。且白袷出近代，不可用。”乃改以素服。	528
9	自是鷩冕已下，乘舆更不服之，白帢遂废，而**令文因循**，竟不改削。	1939	无	自是鷩冕以下，天子不复用，而白袷废矣。	528～529
10	开元十一年冬，玄宗将有事于南郊，中书令张说又奏称：“**准令**，皇帝祭昊天上帝，服大裘之冕，事出《周礼》，取其质也。永徽二年，高宗亲享南郊用之。明庆年修礼，改用衮冕，事出《郊特牲》，取其文也。自则天已来用之。若遵古制，则应用大裘，若便于时，则衮冕为美。”	1939～1940	无	开元初，将有事南郊，中书令张说请遵古制用大裘。①	530
11～12	自是元正朝会**依礼令**用衮冕及通天冠，大祭祀依《郊特牲》亦用衮冕，自余诸服，**虽在于令文**，不复施用。	1940	无	自是元正朝会用衮冕、通天冠。	530

续表

序号	《旧志》服饰部分涉及“令”的文字	页码	序号	《新志》服饰部分涉及“令”的文字	页码
13	**《武德令》**：皇太子衣服，有衮冕、具服远游三梁冠、公服远游冠、乌纱帽、平巾帻五等。	1940	无	皇太子之服六：……	517
14	开元二十六年，肃宗升为皇太子，受册，太常所撰仪注有服绛纱袍之文。太子以为与皇帝所称同，上表辞不敢当，请有以易之。玄宗令百官详议。尚书左丞相裴耀卿、太子太师萧嵩等奏曰：“**谨按《衣服令》**，皇太子具服，有远游冠……”	1941	无	无	
15	**《武德令》**，侍臣服有衮、鷩、毳、绣、玄冕，及爵弁，远游、进贤冠，武弁，獬豸冠，凡十等。	1942	无	群臣之服二十有一……	519
16	景龙二年[②]七月，皇太子将亲释奠于国学，有司草仪注，令从臣皆乘马著衣冠。太子左庶子刘子玄进议曰：“……”皇太子手令付外宣行，**仍编入令**，以为恒式。	1949～1951	4	时皇太子将释奠，有司草仪注，从臣皆乘马著衣冠，左庶子刘子玄议曰：“……”太子从之，**编于令**。	529～530
17	贞观四年又制，三品以上服紫，五品以下服绯，六品、七品服绿，八品、九品服以青，带以鍮石。妇人从夫色。**虽有令**，仍许通著黄。	1952	无	无	
18	龙朔二年，司礼少常伯孙茂道奏称：“**旧令**[③]六品、七品着绿，八品、九品着青，深青乱紫，非卑品所服。望请改八品、九品着碧，朝参之处，听兼服黄。”从之。	1952	无	无	
19	**《武德令》**：皇后服有袆衣、鞠衣、钿钗礼衣三等。	1955	无	皇后之服三：……	516
20～21	妇人宴服，**准令**各依夫色，上得兼下，下不得僭上。既不在公庭，而风俗奢靡，**不依格令**，绮罗锦绣，随所好尚。上自宫掖，下至匹庶，递相仿效，贵贱无别。	1957	无	妇人燕服视夫。	524

注：①此处《新志》归纳张说的意见有误。
②当为“景云二年”。
③此处的“旧令”当即上文贞观年间制定的《贞观令》。

从上表可知，在唐朝，对服饰的理解以及执行，都是围绕礼令进行的，特别是《令》，在其中发挥着很大的作用。这表现在：

1．服饰制度（主要是冕服、朝服、公服）规定在《衣服令》中（《武德令》《衣服令》）。

2．在服制的穿着上有不同看法，要依据《令》来纠正或修改（祭天服大裘冕事、白帢事、皇太子绛纱服事等）。

3．对服制的修改或创新，要反映到《令》中，即“著于令”或“编入令”（翼善冠事、太子骑马著衣冠事）；反面事例则是服制已经修改了，但令文依旧（鷩冕以下不行用事）。

4．服饰的实际穿着，以是否符合《令》为标准（准令、依令或不依令、不施用）。

特别重要的是其中提到的《令》文规定与实际行用有所差别的文字：

（1）白帢出自近代，事非稽古，**虽著令文**，不可行用。

（2）鷩冕已下，乘舆更不服之，白帢遂废，**而令文因循**，竟不改削。

（3）（衮冕及通天冠之外）自余诸服，**虽在于令文**，不复施用。

（4）**虽有令**，仍许通著黄。

（5）风俗奢靡，**不依格令**，绮罗锦绣，随所好尚。

因此，在研究分析唐朝服饰制度时，一方面要看到服制入法典，即通过法典规范服制的重要性，以及统治者对服制法典特别是《令》的重视，同时也要看到《令》文反映现实服制的滞后性、变通性，以及现实行为对《令》的破坏。因此我们一方面要依据《衣服令》等法典来研究唐朝服饰，同时又要知道法典中涉及的服饰规定有些只有法律意义，没有实际意义，不能仅靠法典来研究唐朝服饰。不过，“依令”与“不依令”虽是服饰行为的正反两方面，但都同时表示了当时人对法典特别是《令》的尊崇。这是唐朝特有的时代特征，均反映在《旧志》的文字叙述中。

反观《新志》，出于“文省事增”的编纂原则，对《旧志》文字作了大幅削减，删去了有关《令》的大部分文字，反映了宋人对《令》的轻视，同时抹杀了唐朝服制的一个显著时代特征。特别是，《新志》把《令》文与现实相矛盾的上述5条重要文字都进行了删除，以致不能正确反映唐朝服制的实际行用状况。如果我们仅依据《新志》研究唐朝的服制及其行用，就会出现一定程度的偏差。

举一个例子。《旧志》在叙述完天子衣服有十二等后，说“自贞观以后，非元日冬至受朝及大祭祀，皆常服而已”❶；在叙述完皇太子衣服有五等后，说“自永徽以后，唯服衮冕、具服、公服而已”❷。这就是说，《舆服志》所载令文规定的服饰，除冕服、具服、公服外，大多是具文，实际并不穿用。《旧志》的这些说明性文字，《新志》均删除了，给人印象就是这一套服饰在当时仍然在使用。以皮弁为例。《新志》在天子、太子、臣下服饰中都详细叙述了弁服的形制及其使用，实际上早在隋朝，大臣对其就已经很陌生了。《隋书·李子雄传》记他出任“民部尚书……新罗尝遣使朝贡，子雄至朝堂与语，因问其冠制所由。其使者曰：‘皮弁遗象。安有大国君子而不识皮弁也！’子雄因曰：‘中国无礼，求诸四夷’。”❸一个朝廷的民部尚书，已经不认识皮弁了，可见当时很少人穿着此类服饰。《新志》无视这类历史事实，对当时常服外服饰的实际穿着情况，基本不予说明。

因此，从这一意义上说，虽然《旧志》内容芜杂，但正确反映了唐朝服制的实际面貌；《新志》看起来简洁清晰，却不能反映唐朝服制的实际面貌。这是研究唐朝服制时要充分注意的。

二、叙述顺序区别

《旧志》关于唐朝冕服、朝服、公服的叙述顺序是：①天子衣服；②皇太子衣服；③侍臣服；④皇后服；⑤皇太子妃服；⑥内外命妇服。

即男服按等级在前，女服按等级在后。这一叙述顺序的基本依据的是《衣服令》。

这么说的根据有三：

其一，《旧志》在这顺序的每段前面（除天子之服外），都明确标有《武德令》字样，说明它们来自令文。

其二，模仿唐令的日本《养老令》，完整保留了《衣服令》。其顺序为：①皇太子礼服❹；②亲王礼服；③诸王礼服；④诸臣礼服；⑤内亲王礼服；⑥女王礼服；⑦内命妇礼服；⑧宫人服❺。虽然官制不同，但与《旧志》一样，都是男服按等级排在前面，

---

❶《旧志》，第1938页。

❷《旧志》，第1941页。

❸《隋书》卷七十，中华书局，1973年，第1620页。

❹《养老令·衣服令》不涉及天皇服饰，这是日本令的特点。

❺《令集解》卷二九《衣服令》，吉川弘文馆，1981年，第737~747页。后面还有一项“武官礼服”，从略。

女服按等级排在后面。

其三，《通典》卷一百八《礼六十八·开元礼类纂三·序例下》记载了衣服制度，其顺序为：①天子；②皇太子；③群官；④皇后服；⑤皇太子妃服；⑥内外命妇服；⑦六尚、宝林、御女、采女及女官等服[1]。也是男服按等级排在前面，女服按等级排在后面。

因此或可认为，唐《衣服令》中服制叙述的顺序是按男服等级、女服等级前后排列的，明显偏重于男服。《旧志》依从了这一顺序，反映了唐人在“礼服”上的观念，即区分男服和女服，再在男女服中区分等级，男服在前，女服在后。而且男服与女服之间隔有4页的有关“谦服（常服）”“巾子”“鱼袋”“袴褶”“杂物色”等的叙述，显示了男服的重要与女服的无关轻重。

但《新志》服饰部分的叙述与《旧志》不同，其顺序为：①天子之服；②皇后之服；③皇太子之服；④皇太子妃之服；⑤群臣之服；⑥命妇之服。且将这六部分君臣服饰放在整个服饰部分的开头，后面才是鱼袋、常服、巾子等杂物。

这一叙述顺序反映的应该是宋人的观念，即对皇权的更加尊崇和君臣界限的更加严格：怎么能把皇后之服、皇太子妃之服排在群臣之服后面呢？于是《新志》将其提到与皇帝、皇太子并列的地方。这是宋代皇权地位提高在观念中的反映，体现在了《新志》“服饰部分”服制顺序的排列上。由此也可看出唐、宋人因政治思想不同而在服制观念上的区别。

三、社会观念区别

以上是《旧志》《新志》反映出来的在政治法律方面观念上的异同。这种异同也反映在社会观念上。

《旧志》中有一段叙述妇女装束的非常有名的文字如下：

> 武德、贞观之时，宫人骑马者，依齐、隋旧制，多著羃䍦。虽发自戎夷，而全身障蔽，不欲途路窥之。王公之家，亦同此制。永徽之后，皆用帷帽，拖裙到颈，渐为浅露。寻下敕禁断，初虽暂息，旋又仍旧。咸亨二年（671年）又下敕曰：“百官家口，咸预士流，至于衢路之间，岂可全无障蔽。比来

[1]《通典》卷一百八，中华书局，1992年，第2798～2807页。

多著帷帽，遂弃幂䍦，曾不乘车，别坐檐子。递相仿效，浸成风俗，过为轻率，深失礼容。前者已令渐改，如闻犹未止息。又命妇朝谒，或将驰（新唐书作“驼”）驾车，既入禁门，有亏肃敬。此并乖于仪式，理须禁断，自今以后，勿使更然。”则天之后，帷帽大行，幂䍦渐息。中宗即位，宫禁宽弛，公私妇人，无复幂䍦之制。开元初，从驾宫人骑马者，皆著胡帽，靓妆露面，无复障蔽。士庶之家，又相仿效，帷帽之制，绝不行用。俄又露髻驰骋，或有著丈夫衣服靴衫，而尊卑内外，斯一贯矣。❶

这段文字将妇女装束的变化，以是否遮蔽身体为中心，作了强调。

但是《新志》对这一段作了大规模削减，其文字为：

初，妇人施幂䍦以蔽身，永徽中，始用帷冒，施裙及颈，坐檐以代乘车。命妇朝谒，则以驼驾车。数下诏禁而不止。武后时，帷冒益盛，中宗后乃无复幂䍦矣。宫人从驾，皆胡冒乘马，海内傚之，至露髻驰骋，而帷冒亦废。❷

粗看《新志》此段文字，似乎也谈到了幂䍦、帷帽、露髻等，但它将《旧志》中幂䍦的“全身障蔽”改为“蔽身”；删去了永徽以后帷帽“渐为浅露”以及开元时妇女“靓妆露面，无复障蔽”几句重要的话，这不仅不利于我们理解幂䍦、帷帽的形制，而且改变了《旧志》作者的问题意识，即《旧志》认为从北朝到唐朝开元时期妇女服饰出现了重要变化，这一变化的趋势在于对妇女的体貌是否遮蔽：即从全身障蔽→渐为浅露→无复障蔽（包括咸亨二年敕文，也说不能道路之间，不能“全无障蔽”）。《新志》作者对此进行删改后，对于当时人的服饰观念及其变化，我们就无从了解了。其原因大概在于到了宋代，不存在妇女体貌是否要遮蔽的问题，以致宋人不认为有强调妇女是否要遮蔽的叙述必要。这就是《新志》作者因时代不同、社会风气不同而删改文字，导致与《旧志》观念不同的一个例子。

四、体例细节区别

《新志》秉承《新唐书》修撰原则的“文省事增”，一方面删去了《旧志》中许多

---

❶《旧志》，第1957页。

❷《新志》，第531页。

冗长的奏议，使得整个叙述眉目清楚，简明扼要；同时增加了一些《旧志》中没有的内容，特别是唐后期的服制[1]，这是值得肯定的。

值得肯定的还有：一些删改反映了宋人相对比较严谨和务实的精神。

例如，《旧志》在叙述流外官行署的服饰时说：

> 黑介帻，簪导，深衣，青褾、领，革带，乌皮履。未冠则双童髻，空顶黑介帻，去革带。国子、太学、四门学生参见则服之。书算学生、州县学生，则乌纱帽，白裙襦，青领。诸外官拜表受诏皆服。（本品无朝服者则服之。）其余公事及初上，并公服。诸州大中正，进贤一梁冠，绛纱公服，若有本品者，依本品参朝服之。[2]

《新志》将“黑介帻”作为“群臣之服二十有一”等之一时说：

> 黑介帻者，国官视品、府佐谒府、国子大学四门生俊士参见之服也。簪导，白纱单衣，青襟、褾、领，革带，乌皮履。未冠者，冠则空顶黑介帻，双童髻，去革带。书算律学生、州县学生朝参，则服乌纱冒，白裙、襦，青领。未冠者童子髻。[3]

两相比较，《新志》删去了“诸州大中正”的服饰。

按大中正，实非唐官。《通典》指出：“中正，陈胜为楚王，以朱房为中正，而不言职事。两汉无闻。魏司空陈群以天台选用，不尽人才，择州之才优有昭鉴者，除为中正，自拔人才，铨定九品，州郡皆置。吴有太公平，亦其任也。晋宣帝加置大中正，故有大小中正，其用人甚重。齐、梁亦重焉。后魏有之。北齐郡县皆有，其本州中正以京官为之。隋有州都，其任亦重。大唐无。”[4]《旧志》中为何会出现“州大中正”的服饰，原因不明，很可能《武德令》中有相关内容，而《武德令》的相关内容可能抄自前代令文。由于“州大中正”并非唐官，《新志》将其删去是十分妥当的。

不过令人疑惑的是：《新志》在“群臣之服”的“进贤冠”中，却仍写有“诸州大

---

[1] 尽管增加的文字大多来自《册府元龟》《唐会要》等，且删改过多，有时失真。

[2]《旧志》，第1946页。

[3]《新志》，第522页。

[4]《通典》卷三二《职官十四》，第891～892页。引用时删去了注文。

中正一梁”云云[1]。这是否因删改不尽造成的呢？目前尚不好确定。

《旧志》的服饰部分最后说“太常乐尚胡曲，贵人御馔，尽供胡食，士女皆竟衣胡服，故有范阳羯胡之乱，兆于好尚远矣。”[2]这其中的“胡曲”“胡食”与《舆服志》的“舆服”无关，《新志》为了严明体例，将其删除，是对的。删改后的文字作“士女衣胡服，其后安禄山反，当时以为服妖之应。”[3]

《旧志》将胡曲、胡食、胡服作为安史之乱的先兆，不仅有所夸张，且属不经之谈[4]，不可相信。值得注意的是，《新志》作者没有照抄《旧志》的说法，用了比较谨慎的文字即“当时以为”云云，意即这种说法是当时人认为的，未必是真的。这反映了《新志》作者即宋人比较务实和理性的特点，值得肯定。

五、小结

《旧志》与《新志》的不同，符合《旧唐书》与《新唐书》总体的不同，即前者芜杂纷乱，后者文简事增。在此基础上，我们做了一些更细致的比较，结论大致如下：

第一，由于律令格式在唐朝特别是唐前期作用很大，又由于《衣服令》的存在，因此《旧志》服饰部分反映出唐人重视法典特别是重视《令》的时代特点。《新志》服饰部分很少涉及《令》，特别是删去了《旧志》中有关《令》文与实际施用之间存在矛盾的记载，不能真实反映唐朝服饰的实际，更不能反映唐人对法典的重视，因此是有缺陷的。

第二，由于皇权在唐前期还没有绝对的至高无上的地位，反映在《令》文和《旧志》中就是叙述冕服公服朝服时，将男服按等级排列在前，女服按等级排列在后，且二者之间插有大段其他文字。《新志》将男服与女服按君臣等级合并排列，先叙天子、皇后之服，然后顺序是皇太子、皇太子妃；群臣、内外命妇；然后才是其他服饰文字。这种安排反映皇权在宋代的大幅提升，体现了唐宋不同的政治环境。

第三，《旧志》和《新志》的不同还表现在社会观念上。由于唐朝来自于胡人统治

[1]《新志》，第521页。

[2]《旧志》，第1958页。

[3]《新志》，第531页。

[4]参见拙作《“‘胡风’流行为安禄山叛乱先兆”说质疑》，《西部史学》第一辑，重庆：西南师范大学出版社，2018年。

的北朝，初期带有浓厚的北朝风尚，统治者有意识地要保持这种风尚，对破坏这种风尚的现象多持批评态度。从唐初到开元时期，妇女服饰从全身遮蔽到逐渐浅露到完全没有遮蔽，是唐朝妇女服饰的重要变化，《旧志》正确描述了这种变化并如实写出了统治者对这种变化的担心，极具唐朝时代特征。《新志》对此进行了大量删削，抹杀了《旧志》作者要体现的服饰观念，反映出宋代妇女已经不存在是否要遮蔽的问题。《新志》的这种削减，使得唐朝曾经存在的一种身体和服饰观念荡然无存。

第四，《新志》追求体例严谨，对不属于“舆服”的内容进行了删除，比如饮食、乐曲等；还对不属于“唐朝”的内容也进行了删除，比如“诸州大中正”等（尽管删除得不够彻底）。这是十分妥当的。由此也提醒我们，《旧志》中引用的《武德令》所涉内容，有些照抄唐前《令》而来，不大能反映唐朝实际，使用时需要注意。进而言之，《旧志》为何只引用了唐初高祖时代编纂的《武德令》而不引用唐朝成熟期即玄宗时期的《开元令》？这反映了《旧志》编纂时采用史料的随意，还是编撰当时只存有《武德令》？无论何种原因，使用《武德令》而非《开元令》，是《旧志》的不足。

《旧志》的不足还在于一些言论不够严谨。认为开元年间士女穿胡服是安史之乱先兆的说法就是一例。且不说当时穿胡服的并没有那么多，即使有，也与安史之乱没有关系。《新志》在这方面就比较理智，采用的语言是“当时以为”云云，表明这不是《新志》作者的观点，不一定对，只是“当时”人这么认为而已。宋朝是中国古代比较理性的时代，《新志》的这种表述显示了鲜明的时代特点。

关于《旧志》和《新志》还有许多问题可以研究。由于水平和时间都有限，以上的比较十分简单和粗糙，只是个人的一点不成熟想法，提出来供大家批评。

黄正建，中国社会科学院古代史研究所，研究员

06

金上京护国林神像

——贵族服饰特点及和陵、胡凯山方位考

赵评春

摘　要 | 具有金时期贵族服饰特点的黑龙江亚沟石刻人像，已于1988年公布为全国重点文物保护单位。有关石刻人像属性，长期以来学术界对此众说不一。作者依据石刻人像服饰特点，考证亚沟石刻为金世宗时期册封之“金上京护国林神像”，并以此为坐标，考证出金早期葬太祖之和陵及其相关的胡凯山等地理方位。自“黄帝垂衣裳而天下治”，古今服饰都具备重要属性特点，即彰显人们各自的“身份”或职业，甚至其各自品味修养等。惟此，对于古代人物造像，比较直接的认识方法，就是依靠其服饰特征，考证其原型所具有的象征意义。

关键词 | 金代、护国林神像、胡凯山

Pictures of Gods in Shangjing City Site of Jin Dynasty —— Noblemen' Costumes and the Location of Heling and Mt. Hukai

Zhao Pingchun

Abstract: The stone carvings with the characteristics of the noble costumes of the Jin dynasty which was found in Yagou of Heilongjiang province was announced as a national key cultural relics protection unit in 1988. Regarding the attributes of stone carved portraits, academics have long been divided on this. Based on the characteristics of the costumes of the carved stone portraits, the author researches that the Yagou stone carvings are the "The statue of Huguolin in the Jin dynasty Shangjing" enshrined during the Emperor Jin Shizong period, and uses this as a reference to testify the geography of the Heling, burial of Emperor Taizu in the early Jin dynasty, and its related Mount Hukai. Since "The Emperor governs the world by hanging clothes", ancient and modern clothing have important attributes and characteristics, that is, to show people's respective "identity" or occupation, and even their respective tastes and accomplishments. Thus, for the ancient statues, the relatively straight forward method of recognition is to rely on the characteristics of their costumes to verify the symbolic significance of their prototypes.

Key words: Jin dynasty, the statue of Huguolin, Mount Hukai

古代服饰的研究，除去我们通常认识到的“衣裳”之外，还要涉及配饰，包括其随身佩戴的武器——刀剑、权杖、铁锏、骨朵等，这在一定意义上可以标明其主人身份。

黑龙江亚沟石刻人像，已于1988年公布为全国重点文物保护单位（北纬45°28′53.6″、东经127°08′10.0″，海拔295米）。

有关石刻人像属性，长期以来学术界对此众说不一。1999年，作者首先提出亚沟石刻为金上京护国林神像，并以此为坐标，考证出金早期葬太祖之和陵及其相关的胡凯山等地理方位。

按此石刻人像位于亚沟以东约5公里，地称“石人山”西南麓，石刻崖壁向南。此山因石刻人像而得名。由人像上方的石崖壁顶西偏北约15千米与金上京故城遥遥相望。

过去，中外学者对石刻人像的观点基本可以归为两大类：其一，单纯人像说——武士像，太祖、太后或贵族像；其二，与陵墓相关说——武士，护墓者，墓主人。二者共同的观点是石刻人像属握剑或鞭的武士像，然后，作出各种相应的推断。

根据实地观察，石刻东侧人像右手所握之物并非鞭或剑一类的武器，而是手握象征着人像身份威仪的权杖。

20世纪40年代，日本学者鸟居龙藏发表的石刻临摹像，将其人物手持杆状物，人为地绘成拧股形制的鞭杆，而杆梢与左足靴尖垂齐[1]，形似金代铁锏（图1）。

鉴于临摹绘画与20世纪90年代初仍然清晰可辨的石刻纹样不符，故此，不再赘言讨论。此后，有关论述多以其为手持长剑，由此而谈其为武士一类人物等。

[1] 鸟居龙藏：《金上京及其文化》，《燕京学报》第三十五期，1948年12月。

图1 金代铁锏

图2 亚沟石刻护国林神像拓片

图3 岩刻护国林神像

亚沟石刻是按人体合理比例阴线凿刻的金代女真服饰人像。右手拳握之上露出一凹凿骨朵头纹，以下为阴刻一根细杆状、平头纹样的权杖。经实测，骨朵头上端至底端通长约64厘米、宽约2.5厘米。其中，手掌拳握部分长约17厘米。权杖下头相距靴顶底部弧线3厘米，构成手握之杖下平头直拄于倚坐抬起的左足靴顶部（图2、图3）。

在金上京故地一带，金代石翁仲屡见不鲜，属于护墓武士双手所拄的剑，其剑锋、脊、格、首等形制纹饰清晰可辨。而此石刻人像手持骨朵杖下为平头，根本没有剑的形制纹样特征。所以，“武士握剑”之说，原出自早期考察的模糊认识，误以石刻人像手握骨朵杖为宝剑，致使以讹传讹。又以其手握为剑，则为武士人物为主要依据。

根据金代铁剑形制特点，剑首如同缩小版的头盔形，扣镶在剑柄上端；剑格（护手）两侧带耳；剑镠（又称“吞口”）加固箍在剑身根部；剑刃平直，上部略收；剑锋略呈半弧形（图4～图8）。按此金代铁剑为一般认识标准，很显然亚沟石刻男像手持器物并非佩剑。所以，由此依据“持剑”纹而提出的“武士像”之说很难成立。

目前，在金上京地区十分有限的金代考古发掘中，先后在新香坊金墓中出土了银骨朵（权杖）❶；在金代齐国王墓中，墓主身侧亦放置一细杆“六棱藤杖”❷。二者皆为金代皇室贵族附持权杖，用以象征墓主高贵的身份。由此可见，亚沟石刻人像手持骨朵杖的意义，在于表现石像本身所象征的尊贵地位。

---

❶《黑龙江省志·文物志》，黑龙江人民出版社，1994年，第285页。

❷ 赵评春：《金代服饰——金齐国王墓出土服饰研究》，文物出版社，1998年。

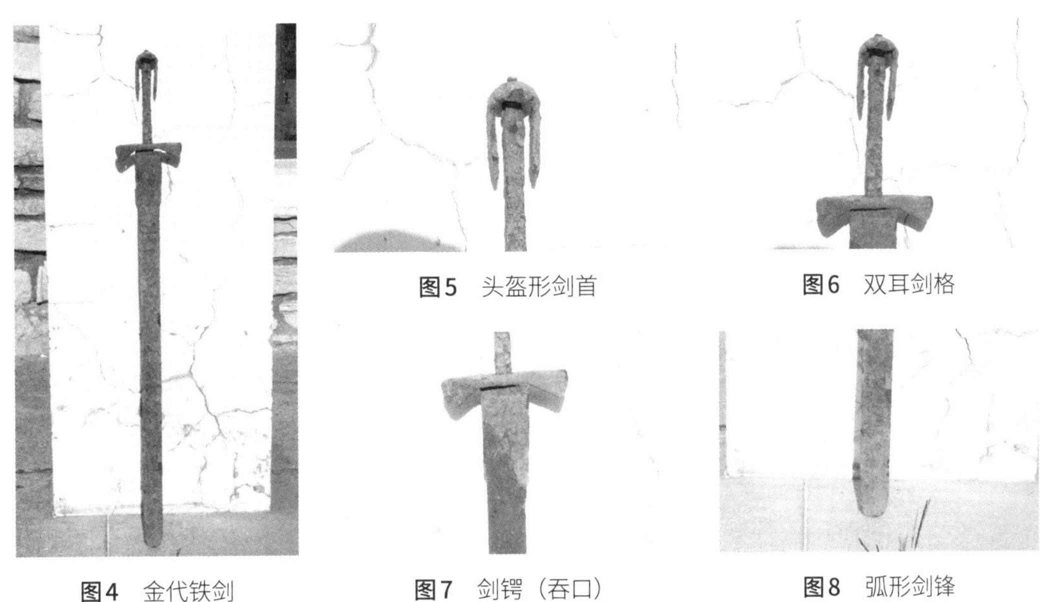
图5 头盔形剑首

图6 双耳剑格

图4 金代铁剑

图7 剑镖（吞口）

图8 弧形剑锋

历来，由于人们误以为石刻人像是“握剑的武士”，故而称其冠饰为头戴“头盔”或“钢盔”。以为“两侧如两翼展开”[1]，或称“两侧有卷翼”[2]。其实，持杖者冠饰两侧探出的阴刻纹样，直观造型是两只鹰隼，左右侧目，尖喙引颈，各向两翼挺飞的纹样。按此，即是女真人所崇尚的“小而俊健”“能击天鹅”的海东青[3]。在此头冠两侧衬露的神鹰飞翔的纹样，其本意就在于神化人物，而并非武服头盔所属饰物。再者，石刻人物头冠通高约55厘米，冠顶阴刻宝珠瓶纹样，亦有学者称之为“塔刹状顶”[4]，这段冠顶纹高约22厘米，人面部长约33厘米。按结构比例冠顶纹样是人物面部的三分之二。众所周知，武服胄盔本为征战拼杀所用。历代武服或仪卫服饰，也绝不可能在头顶镶戴高大沉重的盔饰。尤其宋代头盔，史家多绘以一缕盔缨[5]。

诸此可见，石刻人像并非武服头盔，而是一种更具神秘意义的头冠饰。

至于石刻人物身着左衽盘领袍，这无论在金代舆服制度中，还是在阿城金代齐国王墓出土服饰中，均为常服形制，尤与武服铠甲无涉。

综上所述，亚沟石刻人像纹饰手中所握并非“宝剑”，头顶亦非胄盔，身体并未着

[1] 鸟居龙藏：《金上京城及其文化》，《燕京学报》第三十五期，1948年12月。

[2] 谭英杰，等：《黑龙江区域考古学・亚沟石刻》，中国社会科学出版社，1991年。

[3] 赵评春：《海东青鹘捕鹅雁考释》，《黑龙江古代玉器》，文物出版社，2008年；《三朝北盟会编》卷三，上海古籍出版社，1987年。

[4] 谭英杰，等：《黑龙江区域考古学・亚沟石刻》，中国社会科学出版社，1991年。

[5]《武经总要》卷十三，《四库全书》文渊阁版。

铠甲或战袍。所以，对未有任何武服纹样特征为依据的造像，贸然称之为“武士”或武服人像，可见其说明显不妥。

经考证认为：石刻人像系金时期，依据女真人“广面缩颈”的形态，及金代贵族舆服制度其衣左衽、盘领、窄袖的特征，结合传统的佛教造像艺术等特点，而在金代的肇兴之地，创造的“上京护国林神像”。

关于“上京护国林”，直接涉及护国林神像、太祖、太宗所葬的和陵以及当地的“胡凯山”等一系列金史研究中悬而未决的问题。金世宗祝文称此护国林曰：“蔚彼长林，实壮天邑。广袤百里，惟神主之。”❶但是，这片方圆百里的原始森林位于金上京城之何方，史家语焉不详。

今考宋使出行金上京的记载：涞流河（今拉林河）西岸，八十里无寸木。自渡涞流河由西向东行至上京，“一望平原旷野”❷；又由金太祖所居上京“指北带东，行约五百里，皆平坦草莽”❸。按此上京西、北两方，即今阿什河、蜚克图河下游形成的冲积平原，宋使已言明此地并无林木。上京城以南在视野范围内呈平原地貌，古今皆属于垦耕之地，通常也不合乎世宗所谓的“蔚彼长林”所需生态环境。有鉴于此，金世宗身临上京城，极目所望并喟然兴叹的护国林，只能位于上京城东所临的群山（大青山）西麓，今阿城亚沟一带。早期调查的资料表明，在20世纪30～40年代，亚沟一带“树木亦相当繁茂”❹；至今，由亚沟至石人山一带，仍为阿城砬子沟林场。由此可见，此地历史上亦十分适宜森林生长。所以，金代上京护国林当位于上京城东与之遥遥相望的石人山一带的丘陵地区。

金世宗大定二十五年（1185年），“敕封上京护国林神为护国嘉荫侯，毛冕七旒，服五章，圭同信圭”；又称“庙貌有严，侯封是享”❺。按此封其冠冕服章，“庙貌有严”之说，正是将其护国林神像拟为人貌威仪的明证。所以，在护国林故山之中，这幅通高1.85米的石刻人像，当属金世宗时期册封的护国林神像。

石刻人像脸型宽平，盘领紧拥围于脖颈之上。这与史家所述本地原住民族——女真人“广面、缩颈”的体态特征完全相合。线刻其身着盘领袍、高鞠尖头靴，以及此

❶《大金集礼》卷三十七，《四库全书》文渊阁版。

❷《三朝北盟会编》卷二十，上海古籍出版社，1987年。

❸《三朝北盟会编》卷四，上海古籍出版社，1987年。

❹鸟居龙藏：《金上京城及其文化》，《燕京学报》第三十五期，1948年12月。

❺《金史·礼志》卷三十五。

人右侧人物身着交领左衽袍等纹饰，也与金代齐国王墓出土袍靴等形式相类同。头冠两侧探出的海东青纹样，也是女真人所崇尚的贡品猎鹰。至于冠顶线刻凸立的宝珠瓶类纹饰，通常见于佛教造像的菩萨或阿弥陀等诸冠顶造型[1]。

再者，石刻护国林神曲膝倚坐的姿势，尤与佛教中的护法等诸天神的坐势相类同。例如，陕西法门寺出土唐懿宗咸通十二年（871年）造鎏金捧真身银菩萨覆莲座上錾凿的六臂金刚[2]，以及四川大足宋代绍兴时期石刻六臂天王等[3]，皆为曲膝倚坐之势。而且，佛教在金上京地区的广泛影响，学界并无异议。史载，金世宗曰“人皆以奉道崇佛设斋读经为福”[4]，如此表明，金世宗时期道佛两教在社会上广为流行，佛教造型也必然要影响到当时上京地区的石刻艺术对于上京护国林神像形态构成。所以，金代上京护国林神造像借用佛家护法神像倚坐姿态，也是完全合理的。该造像体左侧可分辨出两臂三只手纹样，相关说法认为，其左手有刻两次或改刻的痕迹[5]。如果佛教的护法天王、金刚等造像可以作六臂，那么，原作护国林神也可以被设想成多臂神像，以增加其威仪。所以试想，护国林神造像的左手臂未必是简单地改刻，或者就是创造多臂守护神的遗迹。

金上京护国林的地理方位及其护国林神像的考定，不仅揭开了亚沟石刻扑朔迷离的象征意义，更重要的是以此为坐标，有助于对金代考古、历史等进行综合研究。

金前期，曾先后葬太祖、太宗于上京一带。《金史·太祖纪》曰：天辅七年，葬太祖“宫城西南”；天会十三年“改葬和陵”。[6]同年初，太宗驾崩，“葬和陵”[7]。当今，学术界对于太祖的初葬陵认识一致，即位于金上京故城西侧约300米的金太祖陵封土遗迹。当时的“和陵”也必然是前期都城上京所直接管辖的附近地区。《大金国志》曰：“国初，祖、宗止葬于护国林之东”[8]。按此，今点校本并未将“祖宗”二字点断，通常理解其“祖宗”为诸世先辈祖宗的一个宽泛概念。致使一度在金上京地区寻找、估

---

[1] 参见《中国历代纪年佛像图典》，文物出版社，1994年。

[2] 参见《中国文物精华大辞典》金银玉石卷，第132页。

[3]《大足石刻》，朝花美术出版社，1962年，第107页。

[4]《金史·世宗纪》卷八，大定二十七年条。

[5] B.H.热尔那阔夫：《黑龙江省阿城县亚沟车站采石地区发现石刻画像》，《文物参考资料》1956年第6期；谭英杰，等：《黑龙江区域考古学·亚沟石刻》，中国社会科学出版社，1991年。

[6]《金史·太祖纪》卷二。

[7]《金史·太宗纪》卷三。

[8] 崔文印，校正：《大金国志校正·陵庙制度》卷三十三，中华书局，1988年。

计推论“金陵”相关者，往往以此为凭，将金太祖建国号前之列祖列宗，皆计入金陵之中。

今考金太祖收国元年（1115年）始称大金国。金国初期，即或包括定都上京时期，先后共计四代执政皇帝。《金史·本纪》记载：四朝之中，只有太祖、太宗二帝驾崩之后，曾建陵葬于上京故地。至于金熙宗为海陵王所弑杀，降为东昏王葬于裴满氏之墓中；海陵王则迁都燕京，终遇弑，葬于大房山鹿门谷诸王兆域。史称“虏人都上京，本无山陵。祖、宗以来，止卜葬于上京护国林之东”[1]。由此可见，金太祖定都上京，其先世祖宗并无陵寝之制。所谓“祖、宗”以来，乃是南宋史家出于对异族统治的金国否认，或以本民族为正朔的观念而贬称金国为“金虏”，其人则为“虏人”。由于事涉金太祖、太宗之陵寝制度，为了避讳宋太祖、太宗至尊之称，故此略称金太祖、太宗为“祖、宗”。因为，金朝定都上京时期也只有太祖、太宗陵寝建于此地。同时，史家认为金国初都上京本无山陵，金太祖先世祖宗并无陵墓可言。此后，金熙宗追封的先世帝号并无其皇陵之实。所以，史家此语所谓“祖宗”，即当指金太祖、太宗卜葬于上京护国林之东之陵。另据《金史·海陵王纪》载：贞元三年五月，派员如上京，奉迁太祖、太宗梓宫。八月，“迎祭祖、宗梓宫于广宁”。由此可以佐证，即或在《金史·本纪》之中，亦确以“祖、宗”而略指金太祖、太宗。同时，金代“上京”与“上京护国林”二者名称时序之先后，也必然是先有开国定都上京而后有上京护国林之名。因此，“止卜葬于上京护国林东”的金代早期皇陵，也只能始于金太祖之陵。

金熙宗天会十四年（1136年），追谥其先世诸代为“四字”封号的皇帝。皇统四年（1144年），为合乎皇帝体统，又将上自始祖，下至康宗等八代，计为十位先辈追谥为皇帝，并为大约二百余年间先后亦无确指的葬身之地，同时“号其藏”曰陵[2]。按此于熙宗本纪中并无记述，仅见于历代世纪诸条。是时，熙宗初受汉化，其国力尚不足以同时建成十世王陵。再者，金朝建国前之十世列宗共历约二百余年，何况列宗生时平平，女真又俗为火葬，定居尤晚，故其先世死后“藏”于何处，百年之后的后代已经难于确指。所以，金熙宗追谥太祖之前十世“四字皇帝”，无论其藏何处，已与开国建都后的上京护国林无涉。

根据考古调查资料，以及金上京故城与其东临的金代墓群方位道里，并结合传统的堪舆术常识，考证金太祖、太宗所葬之和陵，当位于亚沟石刻上京护国林神像山后

---

[1]《金虏图经》，《四库全书》文渊阁版。

[2]《金史·本纪》卷一。

东北至海沟河对临两岸山岭，即当地俗称“人头砬子”的凸立山岩东南及其南一带的金代墓群所在地。

经过实地调查，“人头砬子”（东经127º9′30″、北纬45º29′50″）系自然形成的裸露山岩，西南至石人山（上京护国林像）约3千米。沿海沟河谷地狭长的平坦垦区上行，向东偏北远望，唯见一座山岩凸立于山峦之前，状似巨大的胡僧并留有胡须的头像，自然景观赫然醒目，因其形象特征而得名为“人头砬子”（图9～图12）。

今考此即金代历史地理中著名的“胡凯山”。

金太祖、太宗之和陵与胡凯山有直接关系。史称“胡凯山者，所谓和陵之地是

图9 “人头砬子”（金时期胡凯山）

图10 胡凯山上半身石峰人像

图11 胡凯山人头形石峰

图12 胡凯山前岩峰全貌

也"[1]。对此，早期有学者提出石人山即胡凯山[2]，惟其说论据不足，且今多不取。近年，又有学者提出群山之中的"老母猪顶"山即胡凯山[3]。按史称太祖、太宗卜葬于护国林东，概其陵未出护国林东一带之意。大定时期，金世宗幸上京曾慨叹护国林壮其城邑，方圆百里，故知护国林当位于上京左近而举目可望。然而，自石人山东去老母猪顶山，其间横亘十道山岭，远在上京东南约百里之外。沿阿什河谷绕行至老母猪顶山，更去仅广袤百里的护国林甚远。可见自上京至老母猪顶山两地群山阻断，已与史家所述止卜葬于护国林东相背。再者，金世宗大定二十五年，又封上京护国林为护国嘉荫侯，每月七日祭祀[4]。故其地亦不可能远至群山之后。况且，金太祖初"葬宫城西南"，其遗存尚在，紧临北城之西约300米。是故，金熙宗天会十三年（1135年）先后葬太祖、太宗于和陵，尤不宜舍近求远至群山之后。由金上京城去护国林神像东北一带的金代墓群，古今皆途经海沟河谷地的"人头砬子"。即或古代原住民或金代史家，也一定会为赫然凸立的胡僧头状山岩取一个具体称谓。有鉴于"人头砬子"紧临金代贵族墓群与护国林神像的特殊地理位置及其地貌特征，此即金初和陵相邻之胡凯山。

综上所述，按照亚沟石刻人像穿戴及手持杈杖纹样特征，即金世宗所封的上京护国林神像。金太祖的和陵即在此东北一带，原属上京护国林之东；所谓"人头砬子"即金代胡凯山。这是多年来，关于亚沟石刻人像性质等的全新认识，从而又确立了一处金上京地区的历史地理坐标。

赵评春，黑龙江省文物考古研究所，研究员

[1]《金史·欢都传》卷六十八。

[2] 鸟居龙藏：《金上京城及其文化》，《燕京学报》第三十五期，1948年12月。

[3] 参见景爱：《金上京》第五章第二节。

[4]《大金集礼》卷三十七，《四库全书》文渊阁版。

07 基于粟特地区田野调查的甘肃庆城县穆泰墓出土胡人俑服饰边缘研究

［日］鸟丸知子

摘　要 | 2001年甘肃庆城县穆泰墓出土了一批彩绘陶胡人俑，在这些唐开元十八年（730年）的陶胡人俑（庆城县博物馆藏）上见有几种当时胡人的服饰。笔者关注的是这些服饰的边缘部位。本文通过笔者在粟特地区的田野调查，推定胡人俑服饰边缘部位的制作技术以及类型，并论述基于该技艺连接起来的各地特殊人群和文化的流动与交融。

关键词 | 胡人俑、粟特、服饰边缘部位、细带、编织技术

A Study on the Edges of Costume of Pottery Figures of "Hu People" Excavated from Mutai Tomb in Qingcheng, Gansu, China Based on the Field Research in Sogdiana Area

Tomoko Torimaru

Abstract: In 2001, over nineties of painted pottery figures "Hu People" have been excavated from Mutai tomb (730 A.D.) in Qingcheng, Gansu, China, they can be seen in several costumes of the Hu people at Tang dynasty. This paper especially focuses on the edges of their costumes. Based on my field research in Sogdiana, I will discuss about their types, techniques, and will be concerned the special crowd and culture flow and integration.

Keywords: pottery figures of "Hu People", Sogdiana, edges of costume, fine tape, braiding and weaving technique

一、前言

2017年12月16日至2018年3月25日，日本大阪市立东洋陶瓷美术馆举办了庆祝中日邦交45周年的特展"唐代胡人俑——丝路考古新发现"，展出了60余件甘肃庆城县穆泰墓（开元十八年，730年）出土的胡人牵驼俑、胡人牵马俑、仕女俑、杂戏俑、镇墓兽等。一般的日本观众对胡人俑并不是很熟悉，第一次见到胡人俑的人也很多，但是大家仍被从各种胡人俑中所散发出来的活力、面貌、形象等吸引，一边感叹一边说"果然中国唐代的陶俑已经达到这么精彩的程度，工艺水平很高，出土状况也太棒了。"

笔者从1998年到2004年在东华大学纺织工程系攻读硕士课程和博士课程，研究方向是中国古代纺织科学技术史，其中对于编织向织造的过渡技术进行了深入的研究。老实说，笔者曾经对中国古代服饰或胡人俑并没有多少关注。但是，当笔者看到穆泰墓出土的胡人俑时，有一种很熟悉的感觉。此前因为并不知道穆泰墓出土有胡人俑，但因为它们在日本的展出，所以才有机会认识了它们。这几年来，笔者也一直在拜访它们的故乡——粟特（Sogdiana），进行最重要的研究课题"综版式织机"的实地调查，觉得这也是一个"缘分"。

综版式织机是一种古老的织造技术，它可以制作出既牢固又美观的"绞经组织"[1]的绳带类织物。其使用范围涉及欧洲的法国、冰岛、挪威，北部非洲的摩洛哥和亚洲的叙利亚、伊朗、乌兹别克斯坦、塔吉克斯坦、印度、不丹、缅甸、泰国、印度尼西亚等地区的民族。

中国综版式织机起源至迟不晚于商代（前13世纪）和东周（前8～前3世纪）时期。这种技术应该是编织向织造的过渡产物。笔者推测"综版"原本可能是一种用于搓韧皮纤维而制作纱线（绳子）的工具，后来演变为利用综版进行织造的方法。据《中国纺织科学技术史》记载："1972年，在辽宁省北票丰下的商代遗址中，发现有一小片综版式织机织成的织物。经北京纺织科学研究所分析，该织物重叠，结块硬化，

[1] "绞经组织"与"纱组织""罗组织"等组织结构不同，前者是经纱一直绞转，很有可能是从"给纤维以捻度""将有捻度的纤维搓在一起作绳"等原始技术发展而来，后者则是由平纹组织发展的变形组织，前者比后者更具有结实耐用的特性。

呈淡黄色，纱线均匀无捻度，像丝织品，织物的结构是上下绞转，纵截面呈椭圆形，圈内残存有纬纱，是一种典型的综版式织机织造的织品。1976年在山东临淄郎家庄的一号东周殉人墓中，发现有两块同样结构的综版式织机织造的织品。丰下遗址和郎家庄一号墓出土的丝织品都是单层织物，两根经纱一组，每织一纬，上下交换一次位置，这大概是古代出现的最原始的绞纱织品”❶。以上文章描述的意思是该出土品是利用两孔综版来织成的，笔者认为综版式织机的历史，是从两孔综版开始，后来发展成了如今在西藏藏族还在使用的四孔综版，贵州安顺屯堡人与河南登封汉族的六孔综版等❷。

通过笔者的实地调查，在粟特，相当于今乌兹别克斯坦的撒马尔罕州和布哈拉州、塔吉克斯坦的索格特州，还在使用两孔综版来织造服饰边缘部分用的细带，这可能是从中国商代延续到现在的综版式织机织造技术的“活化石”。当时唐代的粟特人所穿着的服装也很有可能用到这种织造技术来制作，实际上从几个穆泰墓出土胡人俑身上的服饰也能看出醒目的边缘部分。

粟特地区至今仍在生产“艾德莱斯绸”（Atlas）和“艾德莱斯棉”（Adras）等在中国也很著名的织物，但本文主要描述的是通过笔者在粟特的田野调查来推定胡人俑所穿的服饰边缘部位的制作技术以及类型。

二、穆泰墓出土胡人俑

庆城古称庆州，唐代时属陕西关内道，离唐王朝的首都长安距离仅为200多千米，是长安北通塞外的交通要道，在政治、经济和军事上有着重要的战略地位，深受京畿文化影响。2001年庆城县博物馆抢救性发掘了位于县城北区的唐代游击将军穆泰的墓室（开元十八年，730年）。出土文物90余件，出土的彩绘陶塑主要分为三类：一是人物俑，如文官俑、侍女俑、杂戏俑、牵驼俑等；二是神怪兽类的天王俑和镇墓兽；三是陶骆驼、陶马等。这批彩绘陶俑造型精美、形象生动，不仅反映了唐代经济的空前繁荣和多姿多彩的社会生活，而且折射出大唐帝国奢侈浮华的时代风尚。参军戏俑、彩绘文吏俑、彩绘黑人舞俑等文物曾先后赴意大利、法国、日本等国巡回展览，它们是中国唐代文物中不可多得的艺术精品。

彩绘胡人俑是古俑中特殊的一群，只见于隋唐时期，宋代已不再出现。唐俑中之

❶ 陈维稷．中国纺织科学技术史［M］．北京：科学出版社，1984：28．

❷ 乌丸知子．中国综版式织机［J］．艺术设计研究，2019（1）：39-45．

"胡"，大抵指粟特人。粟特人原是生活在中亚阿姆河与锡尔河一带、操古中东伊朗语的古老民族。从中国的东汉时期直至宋代，他们往来活跃在丝绸之路上，以长于经商闻名欧亚大陆❶。

2019年，笔者到庆城县博物馆调研，向工作人员了解了关于穆泰墓出土陶俑的详细情况，其中胡人俑和黑人俑说明了唐代中国民族交流的频繁性、多样性和复杂性。据博物馆介绍，唐代黑人被称为"昆仑奴"，来源主要有两支：一是从非洲大陆沿陆上丝绸之路自西向东来到唐帝国，另一支则是由东南亚沿海上丝绸之路来到唐帝国。胡人俑的特点明显，一般来说身着胡服，身材高大，胡须等体毛特征显著，发饰和中原地区的汉族人有明显不同。胡人大多指粟特人，但古代并没有明确的民族划分，因此馆内的胡人俑具体对应现在的哪个民族，也无法完全确定。

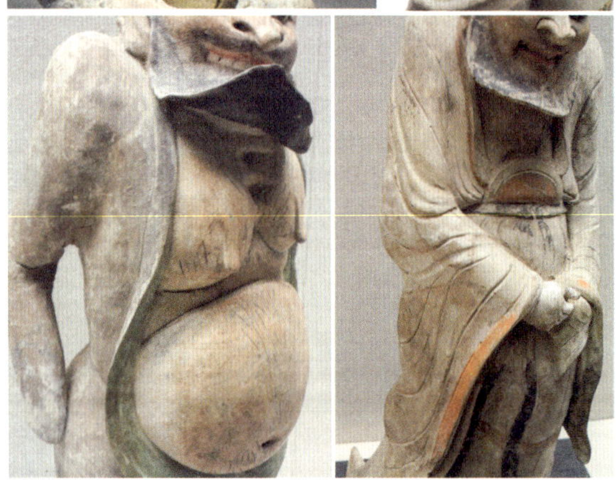

图1 庆城县博物馆穆泰墓出土的服装边部有装饰痕迹的四个胡人俑（2019年，中国：甘肃庆城县）

博物馆内陶俑的服装特点显著，其中胡人俑的服装结构清晰、图案完整；黑人俑的服装生动有趣，吸引眼球；汉人俑的服饰款式丰富且具代表性。其中从四个胡人俑可以很明显看出服装边部有装饰的痕迹，博物馆也认同胡人俑具有这个特点（图1）。

关于唐代汉族所穿胡服和胡人所穿胡服的区别的猜想，2019年笔者和设计师刘城铭先生❷交流了关于胡服边缘饰带的问题。他提出，他曾经为一部描写唐代时期的影视剧做服装设计，期间调研了大量的唐代服饰资料，他发现无论从绘画还是雕塑来看，都不应把唐代的胡服进行统一的

❶ 庆城县博物馆三楼"盛唐轶珍——唐代彩绘陶俑展"展厅里的介绍，2019年。

❷ 刘城铭，服装设计师、工艺设计师、北京知是奇偶文化传媒有限公司创始人、北京服装学院2014届毕业生。曾为电影《封神三部曲》、故宫大婚礼服《宫囍》项目进行工艺设计，为电视剧《月上重火》进行服装设计工作。

划分。唐代是一个多民族融合的时期，当时大量胡人活跃在唐帝国，他们的服饰文化也在汉人中流行起来，可以在绘画、雕塑中看到很多汉人也穿着翻领的胡服，但是否这些胡服的结构、工艺和胡人所穿胡服的结构、工艺完全一致，是需要考证的。

据他所说，他在制板过程中，通过对领型的对比，发现胡人的胡服样式大多直接为翻领袍，领子应较为硬挺，领边有装饰。而汉人所穿的胡服翻领袍领型则较为多变，有的和胡人款式相同，有的明显领型不一样。经过多次试验，他认为有可能是汉人为了跟随潮流，改变了服装的穿法，将原本的圆领袍的领口打开，模仿翻领的穿法。此类"胡服"也常见于绘画和雕塑中，但是明显面料更加柔软，领边装饰较少。因此在对粟特人服装的调查中，也需要区别当时的胡服到底是真实的胡人服装还是改良后的汉人服装，这一点需要注意。

从上述内容可知，在当时的胡人服装上存有装饰感极强的边缘部分。

三、中亚实地调查

唐代胡人服装边缘部分饰以细带的主要原因：①装饰；②增加边缘部分的强度。对古人来说制作一件衣服已是很不容易的事情，要走漫长而艰险的丝绸之路的胡人更需要穿又美又结实的服装，这是必不可少的旅行用品之一。

以下描述笔者在粟特地区——相当于目前中亚乌兹别克斯坦的撒马尔罕州、布哈拉州，和塔吉克斯坦的索格特州及周围地区（具体包括乌兹别克斯坦的塔什干、布哈拉、撒马尔军；塔吉克斯坦的杜尚别、彭吉肯特、苦盏；土库曼斯坦的阿什哈巴德）以及中国新疆伊宁等地——进行实地调查后发现的服装边缘部分所用细带的类型及制作技术。

（一）中亚服装边缘部分用的细带的类型及其制作技术

在中亚服装边缘部分用细带类型的比较多，以下所述内容包括各地博物馆的收藏品（主要是20世纪初至20世纪末）和现有技术制作的作品。

1．手指织造（绞经组织）

这应该也是一种最初由古人发明的织造技术。没用任何工具，只用人的手指进行织造。两个人为一组，一个人操作经纱，另一个人操作纬纱。操作经纱时，将一根经线对折，用一根手指勾住，即每个手指勾住两根经纱，左右手使用的手指数量相同。

织造时，双手打开可以形成开口，控制纬纱的人穿纬线，控制经纱的人将左右手的经纱交换后，控制纬纱的人打纬，再穿纬线，依次进行织造。同时，控制纬纱的人还需要控制织带的幅宽。笔者2016年在土库曼斯坦阿什哈巴德的男性服饰边缘部分，看到了用双手食指、中指、无名指、小拇指（共8个手指）织造的细带（图2、图3）；2014年在中国新疆伊犁哈萨克自治州果子沟草原哈萨克族地区，看到了同样用8个手指织作的马腰部上垫布织物边缘部分的细带。而塔吉克斯坦彭吉肯特的Rudaki博物馆收藏的一件女性服装（19世纪～20世纪初），其边缘部分的细带则可能是用双手食指、中指（共4个手指）织造的。

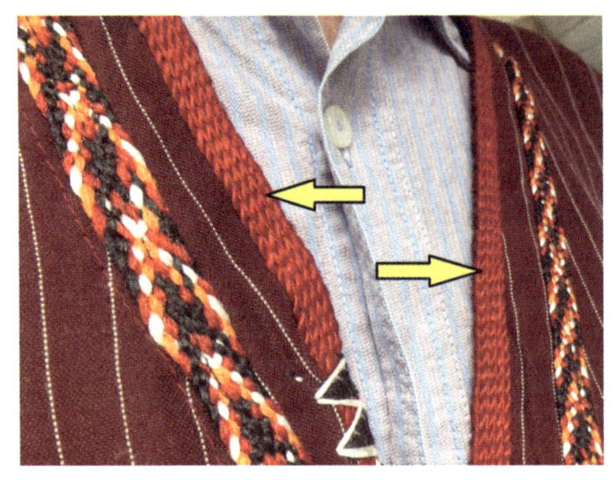

图2 土库曼斯坦男性服饰边缘部分的手指织带

图3 手指织造情景（2016年，土库曼斯坦：阿什哈巴德）

2．综版织造（绞经组织）

综版式织机的基本原理是利用综版开口来控制经线上下运动，变换相邻经线位置，而形成经纬交织点的浮沉结构，是又古老又简易的织造织物的方法之一。在粟特主要能看见以下三种综版织带技术。

（1）两孔综版（两根经纱为一组的绞经组织——交换综版的排列顺序来织出图案）。

在乌兹别克斯坦的撒马尔罕，其两孔综版技术是两根经纱为一组的绞经组织（图4）。按照图案样式进行综版顺序的调整、排列，可以织出变化丰富的图案。两孔综版一般的形式是四角形或是椭圆形。每个孔穿一根经线，即每两根经纱为一组。根据宽度不同，需要的综版数量也会不同，一般用10～30多张综版，比如采用30张综版时，其宽度大约为2厘米。综版转180度，交换上下经线，产生不同的开口，往同一个方向转动综版，织入纬线后可以织成绞经组织（图5）。按照预计想要的图案，通过穿不同颜色的线、改变穿线的方向和交换综版的位置，得到所需要的图案。

图4 乌兹别克斯坦的各种综版织带

图5 30张两孔综版织造情景

2010年，笔者在Dilorom Gulyamova女士（时年31岁）的服装店调查综版式织机织造技术，了解到她尽量使用自己民族风格的织带和布料开发自己的产品（图6）。此前她并不知道综版式织机，直到某天她在一件古老的衣服上看到了这种很美的带子，便去寻找谁还能制作这种带子，幸运的是居然找到一位老人家还在做。她向老人学习这项工艺，并自己设计研发出新的图案。Diloro女士认为这项技术很适合本地信仰伊斯兰教的女性居家工作，因为信仰伊斯兰教的女性一般不会外出工作，而这项技术则能帮助他们提高收入。有趣的是，在笔者去调查之前几年，也曾经有位日本老师到当地调查综版式织机技术，但她完全没有发现当地有这个技术存在。可是当我这次去的时候，却有很多的当地女性在市场或街道上售卖这些织带，很可能是因为Dilorom女士对这项技术的传承使之再度流行。

图6 Dilorom Gulyamova女士设计的产品（2010年，乌兹别克斯坦：撒马尔罕）

塔吉克斯坦彭吉肯特的Rudaki博物馆（图7）、杜尚别的Hisor要塞资料室，和乌兹别克斯坦塔什干的乌兹别克斯坦工艺博物馆（Museum of Applied Arts in Tashkent）等处所收藏的服装（19～20世纪），其边缘部分也能看到应用这项技术制作的细带。

（2）两孔综版（两根经纱为一组的绞经组织——用十字绣来绣出图案）。

2019年我在塔吉克斯坦的彭吉肯特进行实地调查，看到使用两孔的综版，单色线，朝一个方向转动综版（图8）。完成织带后在上面用十字绣（单个十字和连续十字复合的正面刺绣）的方式刺绣出图案（图9、图10）。做好的织带会用在裤脚、袖边等服装边缘作装饰（图11）。负责织的Muharam女士（时年57岁）和负责绣的Maysara女士（时年50岁），两人的技术都是从奶奶、母亲那儿传承下来的。

图7 Rudaki博物馆的塔吉克男性服饰和采用34张两孔综版织造的边部的绞经织带局部（2019年，塔吉克斯坦：彭吉肯特）

图8 采用22张两孔综版织造单色绞经细带

图9 综版织带上绣十字绣

图10 各种刺绣完成品

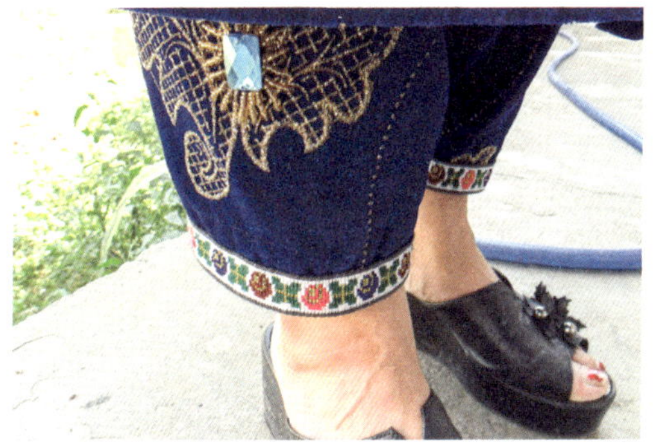

图11 综版织带上绣十字绣细带的使用实例（2019年，塔吉克斯坦：彭吉肯特）

如今在当地，制作绣花底布和刺绣是分工的，但以前是自己织、自己绣。现在在这个城市既能织又能绣的最多也不超过10人，原本那些自己能做的人现在也不做了，而是找上文所说的两位女士定制。现在找她们定制的人很多，常常很忙。不过这个传统很可能会慢慢消失，有年轻人找她们学习，但常常两三天就会离开。有时候笔者会想，要自己去织，可能也不想一直做这个吧。当地的织造有一个特别之处：一般来说，使用综版式织机织造时，每次转动综版后只会在一侧放纬线进行织造，可在当地，是把综版放在中间，每次转动后会在两侧都放纬线，同时一起织造。这样织完后，从中间剪开就能得到两条织带，这样两个裤脚或是袖口就同时有对称图案的织带能用，这也是一种智慧吧。

塔吉克斯坦彭吉肯特的Rudaki博物馆、苦盏的索格特州博物馆（图12），乌兹别克斯坦塔什干的乌兹别克斯坦工艺博物馆等处所收藏的服装，其边缘部分也能看到应用这种技术制作出来的细带。

图12　索格特州博物馆的塔吉克女士服饰（Paranja）和边部的34张两孔综版绞经织带上绣十字绣细带局部（2019年，塔吉克斯坦：苦盏）

（3）四孔综版（四根经纱为一组的绞经组织）。

笔者在乌兹别克斯坦、塔吉克斯坦、土库曼斯坦的调查中未见过有人用四孔综版来织造，而在塔吉克斯坦彭吉肯特的Rudaki博物馆收藏的一件女性服装（19世纪~20世纪初）、杜尚别的Hisor要塞资料室收藏的服装（1988年制作）等边缘部分，能看到应用四孔综版织作出来的细带（图13）。

3．锁绣（在布料上面做钩针锁绣）

2010年笔者在乌兹别克斯坦的Boysun做调查，看到在布料上面做钩针锁绣来制作细带的技术，是用钩针在底部上进行锁绣，一般会绣满整个底布，在刺绣的时候通过在布料下方不断换线色，绣出所需图案（图14），绣成品一般用在帽子边缘作装饰（图15）。2016年在乌兹别克斯坦的布哈拉，笔者收集到的衣服的边缘也是用这个钩针锁绣工艺做的。

图13 Rudaki博物馆的塔吉克女性服饰和采用18张四孔综版织造的边部的绞经织带局部（2019年，塔吉克斯坦：彭吉肯特）

图14 在布料上面做钩针锁绣来制作细带

图15 帽子边缘上的钩针锁绣细带（2010年，乌兹别克斯坦：Boysun）

4. 未知制作方法

在粟特各地博物馆的收藏品中，有一种织带用的是未知的织造方法。这种织带有纬线，可是手指织和综版织都无法做到这种组织图案，如果是锁绣的话又不应该有纬线；织带外观和以上所述的方法都很像，但又不一样，用以上哪一个方法都无法制作出来，笔者自己也尝试过各式各样的方法，但是都无法复制。从博物馆收藏品来看，20世纪初仍然有人在使用这种工艺，应该是很普遍的技术，但是实地调查中并没有发现这项技术的传承者，对这种织带还需要继续进行调查研究（图16、图17）。

图16 Susan Mellar女士收藏的乌兹别克女性服装边部的未知制作方法的细带（2018年，美国：Berkeley）

图17 Susan Mellar女士收藏的乌兹别克斯坦服装

（二）细带结合方法的秘诀

以上说的手指织造、综版织造、未知织造技术三种都属于织带，是有纬线的。以上所述现在还有人在做的作品，都是已经做好织带后，然后再用针线将其缝在布料上。但是从博物馆收藏的20世纪初到20世纪末的藏品来看，大部分是纬线上有一根针，一边织一边将其缝在布料上面，这种方式纬线会留在布料的背面，形成线段，再用手针一组一组将其固定（图18）。其实没有经过多少年，在很多地方这种工艺就已经消失了。笔者2016年在乌兹别克斯坦的布哈拉收集了一件衣服，回国后研究时发现其实是使用钩针锁绣做好的织带然后手针缝上去的，可同样在布料后面模仿纬线显露的特点做了装饰。因此笔者认为，这种细带结合的方法对他们来说应该是很重要、也很值得骄傲的，所以他们才会执着于这个特点，这就是文化。

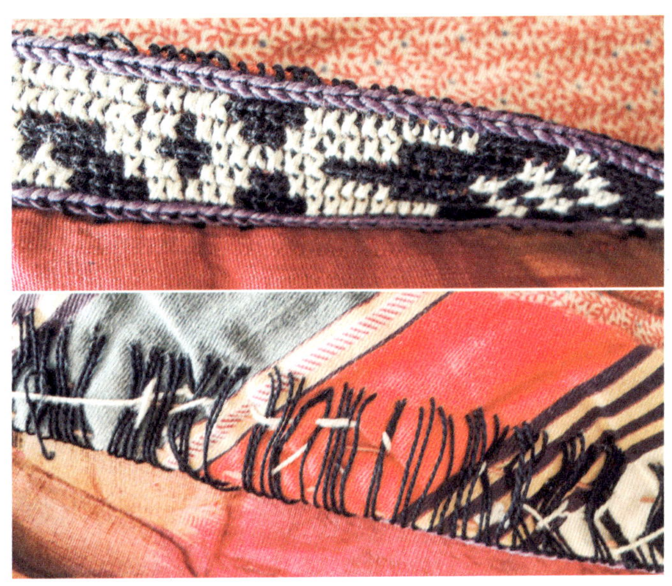

图18 服装边部的两孔综版绞经织带上绣十字绣细带的表面和服装里面纬线显出部分（2018年，美国：Berkeley）

四、伊朗实地调查

据说粟特人原是古代生活在中亚阿姆河与锡尔河一带操伊朗语族东伊朗语支的古老民族，要研究胡人俑服饰时应该也要调查并参考"伊朗"的织造技术现况。笔者2018年在伊朗呼罗珊州的一个小镇（伊朗和土库曼斯坦的边界地域）看到，当地民族服装边缘部的细带同时使用了手指编带和综版织带两种技术。

第一种为手指编带。这与上述中亚地区的手指织造不同，并不放入纬纱。编造时需要两个人为一组，一个人操作纱线，另一个人把这纱线打紧以及调整编带的幅宽。操作纱线时，将一根纱线对折，用一根手指勾住，即每个手指控制两根纱线，右手用中指和无名指，左手用食指、中指和无名指，用右手的拇指打开中指上纱线的开口，用右手的食指来将左手无名指上的纱线穿过开口，勾到右手食指，然后放开大拇指控制的开口，此时右手上食指、中指、无名指控制纱线，左手是食指和中指控制纱线。接下来将左手中指上的纱线移动到无名指上、食指上的纱线移动到中指上，用左手的拇指打开中指上纱线的开口，用左手的食指来将右手无名指上的纱线穿过开口，勾到左食指，然后放开大拇指控制的开口。重复上述动作即可编出扁平结构的编带。

另一种为四孔综版（四根经纱为一组）织带。通过经纱穿入综版的方向、版转方向与规律、经纱的颜色排列等差异来织造多种纹样，她们可织造绞经、经二重等多种特征纹理结构的带子，也有用四孔综版交换综版的排列顺序来织出图案的织法。

最后，将此两种细带，一针一线缝在服装边缘即可（图19）。

图19　服装全体和边部局部（从最边部开始可见手指编带、综版织带）
（2018年，伊朗：呼罗珊州）

五、摩洛哥实地调查

唐代时，丝绸之路的延伸已远至非洲。笔者在摩洛哥进行田野调查时发现，其细带制作与前述各种边缘制作技术完全一致，拥有同样的概念，由此我们可以考察古代东西技术的源头、交流、变迁等问题。

笔者2019年在马拉喀什的摩洛哥工艺美术馆（Dar Si Said Museum）里发现一件服装展品，上衣的边缘有使用综版织造和手指织造技术结合的方式（图20）。

在梅克内斯的老城区里，笔者调查了这两种织造工艺。首先采访的是Elayachi先生（时年66岁），他专门从事综版织造，使用四孔综版织出各种各样的图案（图21）。

图20 摩洛哥工艺美术馆的男性服饰和边部的综版织造和手指织造技术结合方式制作部分（2019年，摩洛哥：马拉喀什）

图21 采用26张四孔综版来织造的情景和综版织带样本（2019年，摩洛哥：梅克内斯）

另外一家人是Msieh家族，他们专门从事传统服装的裁缝。一般来说客人提供布料，父亲Omar先生（时年51岁）负责剪裁，小儿子Abdelali先生（时年22岁）负责用手针卷边将裁片的边缘处理干净，客人提供由Elayachi先生织好的综版织带，大儿子Amine先生（时年24岁）则使用手指织（可以参考上文所述中亚手指织造部分）的方式，一边织造一边将服装各部分缝制起来，服装的一些边缘部分会用这种方式将布料和综版织带结合起来。他们一般使用左右手各两只手指来进行手指织造。大概20年前开始，当地人发明了一种机器，可以代替人的手指，织造组织结构和手指织造的完全一样。现在大儿子一个人可以进行缝制工作，一边用脚控制机器，一边用手进行织造和缝纫（图22、图23）。

这两种技术，从中国到摩洛哥沿路都存在，是一件很神奇的事情，也说明丝绸之路的意义重大。它不仅为沿线人民带来了巨大的物质财富，也同样传播着文明和技术。

庆城博物馆的贺馆长和工作人员也表示，在唐代丝绸之路不仅仅只到罗马，也已经到达了更深远的地区，不同民族一路上不断地交流、融合，经过粟特到达了庆城。

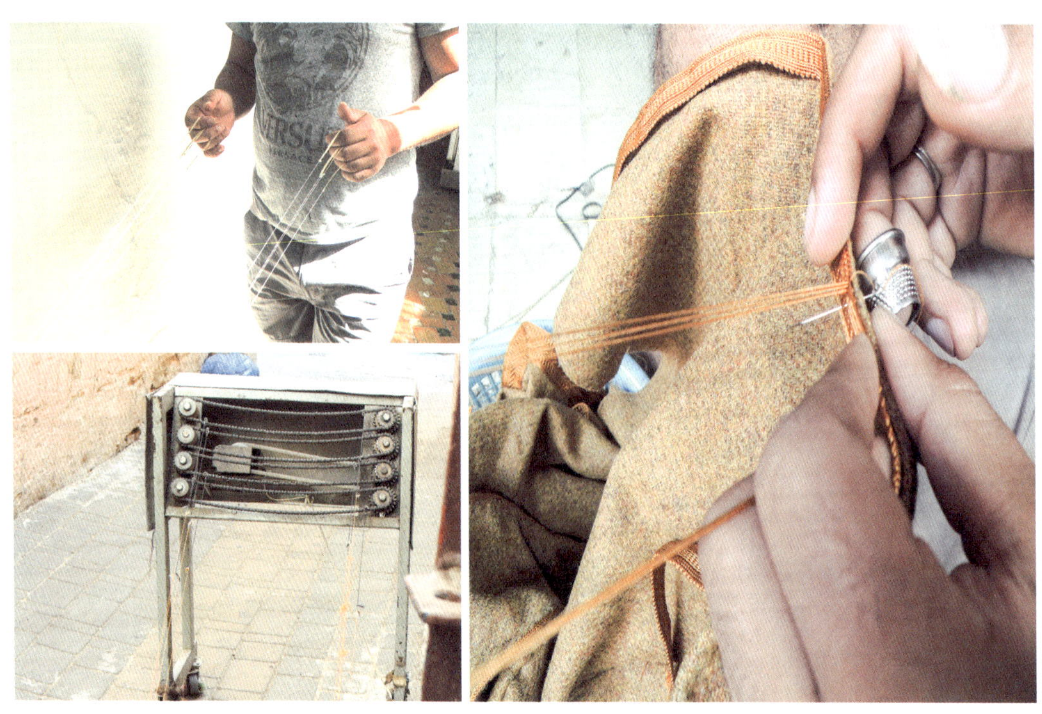

图22 摩洛哥手指织造情景，代替人的手指的机器，使用手指织的方式来一边织造一边将布料和综版织带结合起来

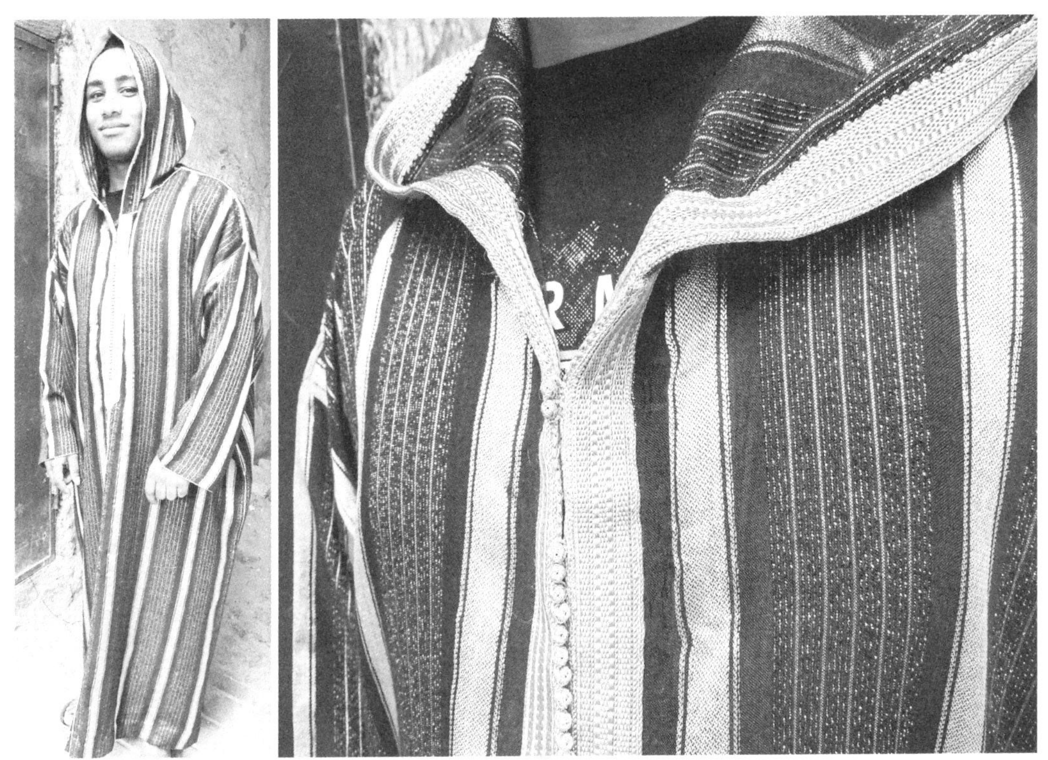

图23 摩洛哥男性服装（Jellaba）和边部局部（2019年，摩洛哥：梅克内斯）

六、结论

甘肃庆城县穆泰墓出土的胡人俑的服饰边缘大部分现已褪色，图案也几乎不存，很难判断原貌到底如何，但这些俑人服饰边缘有着明显的突出感，说明衣料本身和边缘部分的区别是极大的，同时也传递出服饰边缘部分对当时人们的重要性，那就是增加服装的强度保护以及美感，这代表着“自己”的富有。

本文描述的是笔者在粟特（及周围的中亚）、伊朗和摩洛哥田野考察中发现的关于服饰边缘部分所用制作技术的现状，采用的都是几种很古老的技术。这些古老技术的制作非常费心费时，但当地人仍很用心地传承，非常重视。笔者推测，甘肃庆城县穆泰墓出土的胡人俑的服饰边缘部分所用的细带也应该不是普通的布料，很可能使用的就是本文描述的古老技术中的某一种或类似的技术编织的细带。

另外，我们作为现代人，很难知道古代人到底怎么穿着、穿着什么，因为很多文化、技术都已消失。想知道那些时代的样子，往往也只能根据一点点的蛛丝马迹去假想、去猜测，没办法肯定地说，那个时代就是这样的。因为只是假设，所以即使我们做了“复原”，也只能估摸着给出一个大概感觉，真正的“技术复原”是很难的。

笔者做实地调查也是为了找到现在真的还存在着的，从古到今，依旧还是那些人，还用着同样的方法传承着服饰的纺织技术。但是也真的不多了，可能他们就是最后的几个人了。他们之后，这种技术，这种古代人民的智慧就会消失，它们是现代文明的基石，可一旦忘记，就想不起来了。即使他们现在做的和以前的比确实越来越差，但是不影响他们的技术和历史的真实，他们的存在记录着人类发展的智慧。

也许，至少在学校，做复原或设计的时候可以让我们来使用这些技术，即使是一个很小的点：装饰细带，也是可以传递给后人这些现在还存在着的技术是什么样子的。

本文只是甘肃庆城县穆泰墓出土胡人俑服饰研究的一部分，而且只是第一步。笔者需要继续研究，同时也希望能够与各个领域的研究者好好讨论、互动。

致谢：感谢甘肃省庆城县博物馆贺兴辉馆长、邱小燕副馆长和博物馆业务主办张志升先生的指导。感谢北京服装学院蒋玉秋老师以及各位老师们的协助。感谢刘城铭先生助译。感谢美国Susan Mellar女士提供的实物资料。感谢家园计划的邢振女士提供摩洛哥实地考察信息。感谢甘肃省博物馆李永平先生的帮助。本文图片来源均为笔者本人拍摄。

［日］乌丸知子，独立学者，博士

08 纳石失在中国

尚刚

摘　要 | 在中国，纳石失特指元代伊斯兰风格的织金锦。当年，它影响巨大，是最尊贵的丝绸。本文讨论了纳石失的技术、艺术和发展，并指出了研究中存在的若干问题。

关键词 | 元朝、纳石失、织金锦

Nasisher in China

Shang Gang

Abstract: In China, Nasishet refers to Islamic style golden brocade in the Yuan dynasty. It was the most influential and noble silk at that time. The technology, art, and development of Nasisher are discussed and some problems existing in the research are pointed out in this paper.

Key words: Yuan dynasty, Nasisher, Jin brocade

在元代织物里，纳石失最得青睐、最具影响。何谓纳石失？按当年的翻译，是"金锦"，[1]以今世的称谓，则是织金锦，即一种以金线织花的丝绸。

有意味的是，尽管一时重要如此，但在汉语中，"纳石失"竟无法索解。无法索解，

---

[1] 宋濂，等：《元史》卷七八《舆服志一》，北京：中华书局，1976年，第1938页。注纳石失为"金锦也"。

因为它是对波斯语词的音译，[1]而语源出于阿拉伯语。[2]由于是音译，所以又有纳失失、纳什失、纳赤思、纳阇赤、纳奇锡、纳赤惕、纳瑟瑟等多种汉字异写，在清代，又常作纳克实。[3]

一、元代中国的纳石失生产

元代时期的纳石失可以来自西域，但更多的却织造在中国。既然主要出产在中国，那么，问题首先就有，它何以保留在伊斯兰世界的旧名？这该从其生产谈起。

在已知的资料里，那时，织造纳石失的作坊大约有5所，[4]它们皆为直隶中央的官府局院。其中，归属工部的有3所，即两个别失八里局和纳失失毛段二局中的纳失失局；归属为太子服务的储政院系统的有2所，即弘州纳失失局和荨麻林纳失失局。

别失八里局有两个，其中，对在《元史·百官志》里排列在先的那个，如今记载稍多。解缙等：《永乐大典》卷一九七八一《局》(页17b ～18a)：[5]

> 《元史·百官志》："别失八里局，至元十二年，为别失八里田地人匠经值兵革，散漫居止，迁移京师，置局织造御用领袖纳失失等段匹。十三年，置别失八里诸色人匠局，秩从七品。今定置大使一员、副使一员。"[6]

---

❶ 韩儒林：《元代诈马宴新探》，《穹庐集》，上海：上海人民出版社，1983年，第251页。

❷《鲁不鲁乞东游记》注释111，见［英］道森编、吕浦译、周良霄注：《出使蒙古记》，北京：中国社会科学出版社，1981年，第251页。2002年11月13日，在由北京大学主办的《第三届伊朗学在中国》研讨会上，作者曾讲演本文梗概，讨论中，众多通晓伊朗语和阿拉伯语的专家亦持此说。

❸《钦定元史语解》卷二四，江苏书局刻本，光绪四年。

❹ 见《元史·百官志》。但元代生产纳石失的官府作坊理应不仅此5处，元代官方文献还反复说起诸路局院常课的金段匹，其中，也该包含着纳石失，但这些局院恐怕只是兼织，不似上述5处的专造或产品以之为主。除生产成品的局院外，那时或许还有作坊在为织造纳石失等金段匹制备材料，如将作院系统、储政院系统各有金丝子局，其产品大概是金段匹赖以显花的金线。把织造金段匹与制备金线分开，在元代官方文献里(如《元典章》卷五八《工部一·杂造·禁治诸色销金》)，有不很明确的依据：它们总把织造金段匹同裁、捻金线分成两下说。这些文献多系针对民间造作的禁令。如此看来，在官府作坊以外，织造金段匹与裁、捻金线大约也是两个行当。

❺ 北京，中华书局影印本，1960年。

❻《永乐大典》"局字韵"虽屡称引用《元史》或《元史·百官志》，但未详何故，所"引"却每较指示的出处详备得多，如这个别失八里局，《元史·百官志》所记仅："秩从七品。大使一员，副使一员。掌织造御用领袖纳失失等段。至元十三年置。"(北京，中华书局，1975年，第2145页)在本文讨论的范围里，这样的情况还会遇到，如关于弘州纳失失局和荨麻林纳失失局的记事。

可知，这个局院虽设在大都（今北京），但工匠来自别失八里（今新疆吉木萨尔）。

《元史·百官志》还记录了另一个别失八里局，但仅只“官一员”，寥寥3字，难悉其详。不过，从《百官志》的排序分析，它应当也是织染作坊，或许也造纳石失，局址则该在中书省南部，而从其命名看，工匠也该来自别失八里。别失八里是高昌回鹘的夏都，高昌回鹘的织金锦早已驰名，当年，其国王向成吉思汗输诚，就几次献上了织金锦。[1]

对纳失失毛段二局，《百官志》依然语焉不详，只记了“院长一员”，但早期由镇海家族管理的那个著名局院理应是它。《元史》卷一二〇《镇海传》（页2964）：

> 先是（窝阔台五年，即1233年之前），收天下童男童女及工匠，置局弘州。既而得西域织金绮纹工三百余户，及汴京织毛褐工三百余户，皆分隶弘州，命镇海世掌焉。

可知，这个局院设在弘州（今河北阳原），织造纳石失的是“西域织金绮纹工三百余户”，这个“西域”指的是中亚。

如今，关于元代的纳石失局院，史料最丰富的是储政院系统的弘州和荨麻林（今河北张家口西之洗马林）的两个纳失失局。《永乐大典》卷一九七八一《局》（页17b）：

> 荨麻林局《元史·百官志》：“弘州、荨麻林纳失失局，至元十五年二月，隆兴路总管府别都鲁丁奉皇太子令旨，招收析居放浪等户，教习人匠织造纳失失，于弘州、荨麻林二处置局。其匠户，则以杨提领管领荨麻林、以忽三乌丁大师管领弘州。十六年十二月，奉旨，为荨麻林人匠数少，以小就大，并弘州局，秩从七品，降铜印一颗，命忽三乌丁通领之，置相副四员。十九年，拨西忽辛断没童男八人为匠。三十一年，以弘州去荨麻林二百余里，轮番管办织造未便，两局各设大使、副使一员，仍以忽三乌丁总为提调。大德元年三月，给从七品印，授荨麻林局。十一年，徽政院奏改授敕，设官仍旧制，各置大使一员，副使一员。”

可知，在这两个局院中，早期最重要的匠官是忽三乌丁，而从姓氏看，此人是来自西域的回民。弘州已多西域工匠，荨麻林也是回民工匠的著名聚集地，早在窝阔台

---

[1] 许有壬：《至正集》卷四九《阿塔海牙神道碑铭并序》（宣统三年河南教育总会石印本）；佚名：《蒙古秘史》卷十，第238节，呼和浩特：内蒙古人民出版社，1980年，第666页。

时代，已至少有了回民“人匠三千户”，[1] 故弘州和荨麻林两个纳失失局的匠户应当也是回民，起码以之为主。

从这五局匠户的民族构成看，起码设在弘州和荨麻林的3局是以回民为主的。至于别失八里，那里地近中亚，久受濡染，其匠户虽非回民，但应当与之交往颇多。这样，在已知肯定织造纳石失的匠户中，西域人是主体，其中，又以来自中亚的回民居多。

纳石失之所以要保留其伊斯兰世界的原名，单从生产者多为穆斯林，或者熟悉伊斯兰产品，已能说明问题，如果再考察纳石失的面貌，解说似乎还可更完备，而讨论纳石失的面貌，还应当比对金段子。

二、纳石失与金段子

织金锦是现代的称谓，在元代，其同义词是金段匹，这个名词屡见于《元典章》《通制条格》。元人所谓金段匹可以分成两大类，一类是纳石失，一类是金段子，其中，纳石失数量较少，但品格更高，声名更大。

元代文献常常讲到金段子。今日，专家们总说金段子即纳石失，不过，这是个误会，因为，元人已经把它们分开。当时，每逢年节，各衙门要向皇帝进奉，在中书省的新春贡献里，就分别有纳阇赤和金段子。（宋）陈元靓编、元人增补《事林广记》别集卷一《元日进献贺礼》：[2]

> 中书省，马二十七匹、纳阇赤九匹、金段子四十五匹、金香炉合一副。[3]

即令到了明初，人们仍不把两者混做一谈，在缕述段匹名目时，会列出纳失失和六花、四花、缠项金段子，还有纻丝等。[4] 这应当是对纳石失在明初依然生产的提示。

---

[1]《元史》卷一二二《哈散纳传》，第3016页。关于荨麻林的居民构成和产品性质，外国史料也有记述，见《元代诈马宴新探》注释10（《穹庐集》，第254页）。

[2] 北京，中华书局影元本，1963年。

[3] 应说明的是，文献史料中，似乎也有将纳赤惕（纳石失）译为金段子的例外，那是明初的翰林把蒙古语译为汉语：在1211年高昌国主贡献成吉思汗的物品中，有阿勒坛（金）、蒙古（银）、速不惕（珠）、塔那思（大珠）、脱儿合（段匹）、纳赤惕（金段子）、答儿答思（浑金段子）、阿兀剌孙（段子），见《蒙古秘史》第238节（第666页）。再应注意的是，《蒙古秘史》将“纳赤惕”“答儿答思”分列两项，这表明“金段子”与“浑金段子”不同，由汉译可知，其区别是金与浑金，这大概在提示，除一般织金锦所用的金线和丝线外，织造纳石失还用其他材质的线。倘若这个推测不错，那么，它就该是棉线了，关于织造纳石失加入棉纬的情况马上就会谈到。

[4] 佚名：《碎金·彩帛篇第十七》，北平故宫博物院文献馆影印本，第47b页。

并且，由此可知，纳石失与金段子不同，而同后继讨论相关的是段子与纻丝有别。

近年，研究者指出，按工艺，元代的织金锦可分两类：中国传统的地络类和新出现的特结类。前者是平纹地或斜纹地上络合的片金织物，后者用两组经丝，一组与地纬交织，起地组织，一组用以固结纹纬。❶典型的金段子属于前者，典型的纳石失属于后者。特结类的织金锦已经发现多次，如于内蒙古达茂旗明水墓葬（图1）、❷新疆乌鲁木齐盐湖墓葬❸和甘肃漳县汪世显家族墓（图2）、❹河北隆化鸽子洞窖藏（图3），❺在鸽子洞窖藏的文书上，还写有“失刺斡耳朵”（意即黄色宫帐）字样。

图1 花卉纹织金锦摹绘图

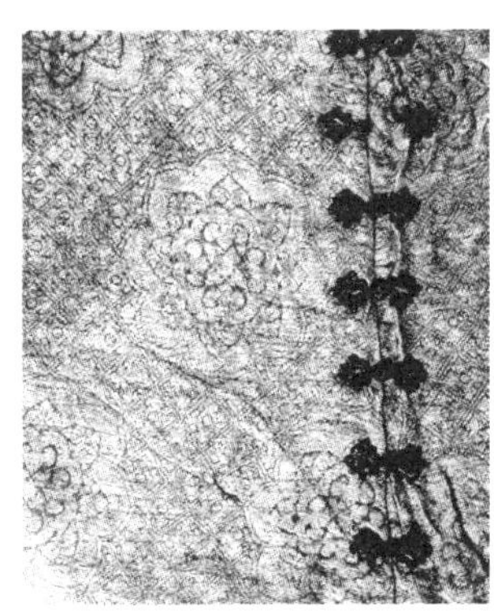

图2 菱格地团花织金锦

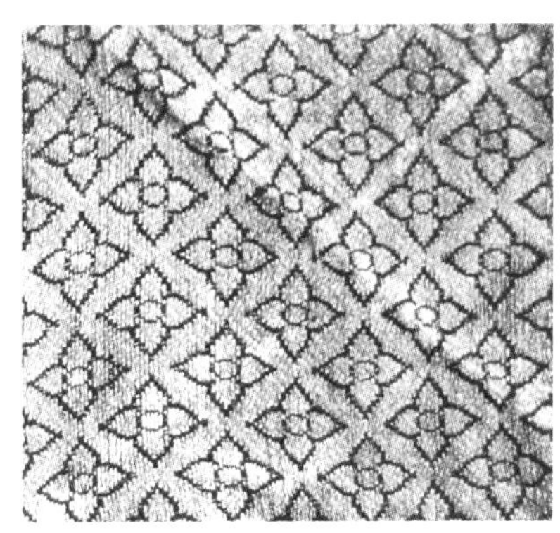

图3 四出花卉纹织金锦

❶ 赵丰：《织绣珍品》，香港：艺纱堂/服饰工作队，1999年，第180~182页。

❷ 夏荷秀、赵丰：《达茂旗大苏吉乡明水墓地出土的丝织品》，《内蒙古文物考古》1992年第1、2期合刊，第113~120页。

❸ 王炳华：《盐湖古墓》，《文物》1973年第10期，第28~36页。

❹ 甘肃省博物馆、漳县文化馆：《甘肃漳县元代汪世显家族墓葬——简报之一》，《文物》1982年第2期，第1~12页。

❺ 赵丰：《纺织品考古新发现》，香港：艺纱堂/服饰工作队，2002年，第132页。

尽管有了上述织法上的大致判断，但依据现有的知识，元代的金段子仍然难以确指，因此，纳石失同它的区别也只能依据资料，再结合事理做些推测。纳石失和金段子可能的显性区别还应当表现在以下方面：

1. 图案的不同

纳石失有浓郁的西域风情，其表现不仅在于图案题材，还有织出的波斯文字。在柏林国立工艺美术博物馆，有一种著名的黑地对鹦鹉纹纳石失（图4），同样的装饰主题、相似的构图形式也屡见于波斯艺术。此作出自西域匠师梭下，在鹦鹉翼中，便以波斯文字织出了工匠姓名。在伦敦的维多利亚和阿尔伯特博物馆，收藏着淡蓝与黑色地双狮戏球纹纳石失（图5），它于主纹两侧宝相花的花心里，仍织出了波斯文字，而如新月、拜丹姆等纹样也是典型的伊斯兰装饰题材。

图4 黑地对鹦鹉纹纳石失

图5 淡蓝与黑色地双狮戏球纹纳石失

内蒙古达茂旗明水墓地应予特别关注，它时属蒙古国，不仅出土了织有波斯文字的彩丝锦，中亚—伊朗风明确的纳石失也有收获，如辫线袍上的狮身人面纹样（图6、图7），即典型的西域题材。狮身人面的图像不仅出现于10世纪波斯东部的丝绸（图8），还在蒙古时代的中亚—伊朗陶器（图9）、铜器（图10）上屡见不鲜，甚至随

图6 对狮身人面纹纳石失

图7 对狮身人面纹纳石失线描图

图8 对狮身人面纹锦（波斯东部，10世纪）

图9 彩绘狮身人面纹陶碗（波斯，13～14世纪）

图10 狮身人面纹铜器（中亚—伊朗，13～14世纪）

着蒙古人的扩张，还传布到地在东欧的金帐汗国。[1]由于这种图案流传实在太广，西方学者甚至认为，若想指出带这种装饰的某件作品产于哪个地区已感困难。[2]

上述柏林和明水纳石失的主题装饰都取对称的构图，但对称的方式为两只动物转身扭头，面对面、背对背。在中国，这种对称方式很别致，于其他时代，起码罕见，但在元代，却所在多有。应该留意，当年取这种构图的装饰都有浓郁的伊斯兰风。

自然，说纳石失图案带有浓郁的伊斯兰风情，并不意味着同中国艺术没有联系。如在柏林的藏品上，用做辅纹的龙就是典型的中国题材。在伦敦的藏品上，主题装饰已赫然是中国特色的双狮戏球或团龙了。看来，中国织造的纳石失即令出在回民的梭下，也难免以中西合璧为图案风格。

金段子的图案不同，应该保留了更多的中国传统特色。北京故宫博物院藏有时代相信为元的织金锦佛衣披肩（图11、图12），其主面料以红色为地，用金线织出团龙、团凤的主纹。在连弧团窠之外，以龟背做辅纹。龙、凤、龟背都是传统的汉地装饰题

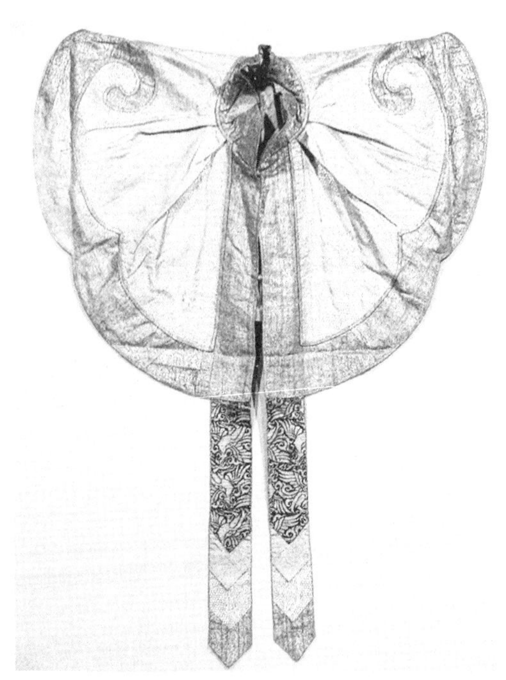

图11 团龙凤纹织金锦披肩

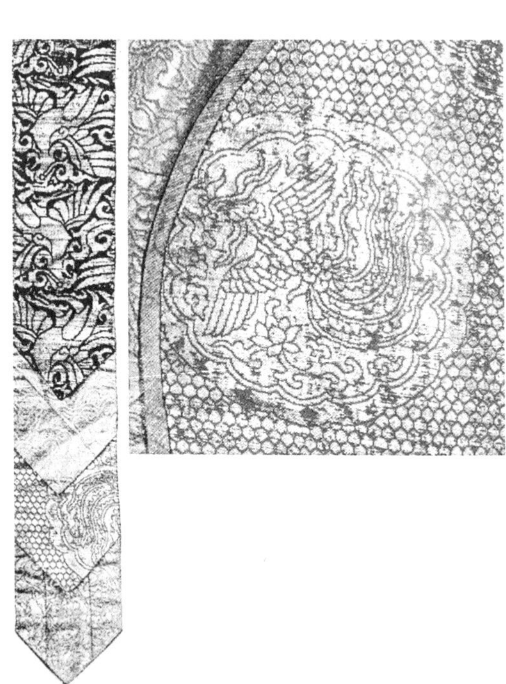

图12 团龙凤纹织金锦披肩局部

---

❶ Г.А.Федоров—Давыдов，Искусство кочевников и Золотой Орды（《游牧民族和金帐汗国的艺术》）[M].Москва:Изд.Искусство, 1976:166.

❷ David Talbot Rice,Islamic art（《伊斯兰艺术》）p.181,London,Thames and Hudson,1989.

材，故它应属金段子。[1]从图案分析，近年刊布的一片绿地春水纹（海东青捕天鹅）妆金绢（图13）应也属金段子，这种表现捺钵制度的题材虽在金代已经进入丝绸等装饰，[2]并且有不少传世玉佩（图14）被判定为金代，但作为春水题材的丝绸，图示者仍

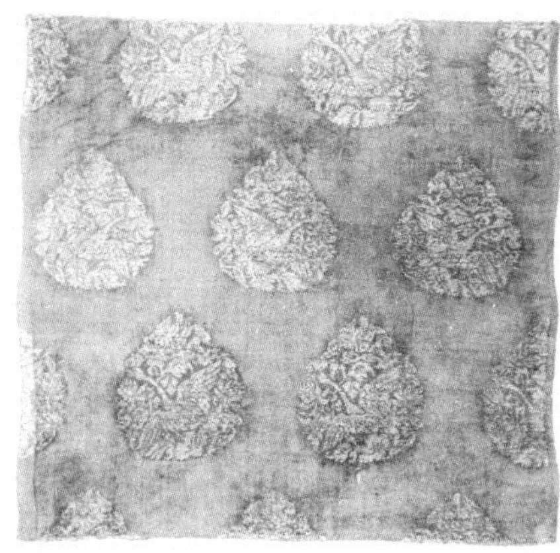
图13 绿地春水纹妆金绢

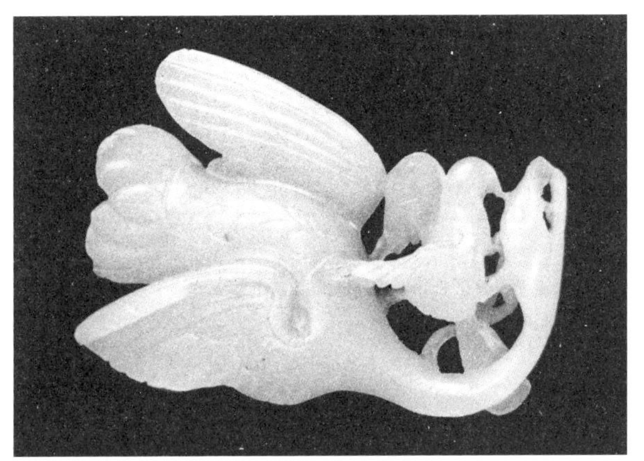
图14 春水玉

图15 奔兔纹织金锦

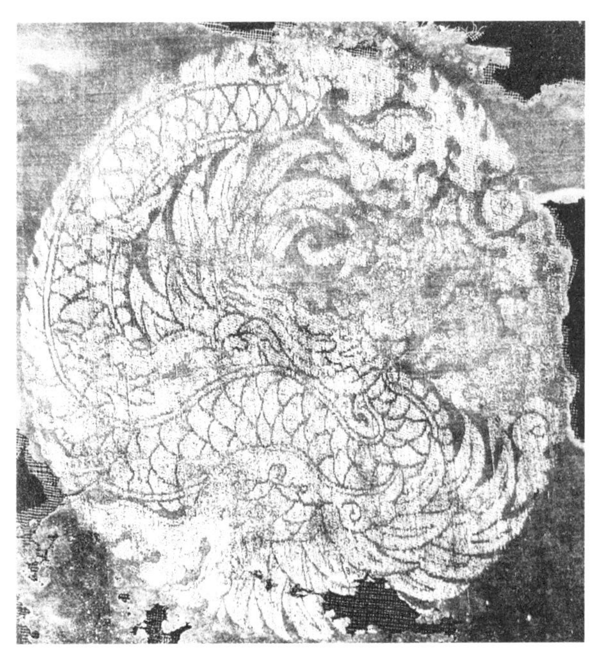
图16 团窠鱼龙纹妆金绢

❶ 这件披肩被《中国美术全集·印染织绣（下）》著录为纳石失（见图2），不过，考虑到明初厉禁胡服、胡语、胡姓、胡俗，拆故宫、弃毁元代官府文物俨然一时大事，故至少从图案面貌分析，这件披肩的面料以民间织造的金段子的可能性更大。

❷ 脱脱，等：《金史》卷四三《舆服志下》，北京：中华书局，1975年，第985页。

是今见时代最早的。兔纹最晚在元末曾经遭遇禁限，❶这种同伊斯兰艺术关系不大的纹样应也是金段子的装饰主题（图15）。类似的遗物还有团窠鱼龙纹妆金绢（图16），鱼龙纹虽然源出印度，但早在唐代便已进入了中国装饰传统。

2．棉纬的有无

有些纳石失会加入棉纬，在新疆盐湖元墓中，出土过两种用做衣缘的纳石失，一种为片金锦，图案为开光缠枝莲（图17），另一种是捻金锦，主纹为人像（图18）。❷它们的图案面貌与西北民族的装饰风格相近，而纬线的材料则同西亚一致。片金的一种，以金线和彩色棉线显花，捻金的，以金线做纹纬，以棉线做地纬，在纬线中加入棉线正是西亚纳石失的传统工艺方法，如在当年的报达（今伊拉克巴格达），纳石失就因金纬和棉纬的多寡而有不同的称谓。❸加入棉纬应当同西域植棉纺织的悠久历史相联系。

图17 开光缠枝莲纹纳石失花纹摹绘图

图18 人像纹纳石失花纹摹绘图

图19 朱红地团龙纹织金衣料

❶《元史》卷三九《顺帝纪二》，第834页。

❷“人像”是发掘者的命名。大德九年（1303年）曾禁民间织造佛像纹样，见《通制条格》卷二八《杂令·佛像西天字段子》，第295页（杭州：浙江古籍出版社，1985年），盐湖捻金锦上主题纹样应当同这种佛像纹有关联。

❸冯承钧，译：《马可波罗行纪》第24章注释3，上海：上海书店出版社，2000年，第40页。

上述两片纳石失的出土地盐湖在乌鲁木齐南郊，去著名的纳石失产地别失八里不远，墓中所得或系别失八里的产品。在柏林国立工艺美术博物馆内，还藏有织出了波斯文字的朱红地团龙纹纳石失（图19），图录说，它是混合材料的织物，混合者何？语焉未详，恐怕也是丝和棉。

在汉地，蚕桑历史久远，植棉发展较晚，故丝绸没有加织棉纬的习惯，延续中国传统的典型的金段子也应如此。

3．金线的差异

关于纳石失的做法，时人留下过一些记录，但大多含糊隐约，[1]只有虞集直截了当，他说："纳赤思者，缕皮傅金为织纹者也。"[2]根据中国传统的区别方法，也可按照金线的做法，把纳石失分成两类：片金（平金）锦，显花的金纬线是将金箔黏附于薄皮，再切割成极窄的长片；捻金（圆金、撚金）锦，显花的金纬线是将片金线搓捻在丝线上。以今日的知识，虞集把制作金线的工序讲颠倒了，应当是先"傅金"，再"缕皮"才对，并且，他只说了片金锦一种，漏掉了捻金锦。然而，虞集毕竟不是工艺家，因此，对其记述也不必求全责备。但虞集的记述极为重要，因为，他说到了纳石失金线的底料。虞集是元中期的重要文臣，以其身份，熟悉纳石失显然不是问题。

元代，金线的制作或以金箔附丽于皮，称皮金，或以金箔附丽于绵纸，称纸金。[3]对纳石失的金线的附丽物，虞集只说了皮，不提绵纸，这应有意味，似乎在中央机构居官的他起码见到的纳石失只用皮金，不用纸金。元代似有专门制作皮金的官府作坊，如在将作院系统和储政院系统都各有一个金丝子局，[4]特别是今日所知稍多的储政院金丝子局，它的上司官署为上都、大都貂鼠软皮等局提领所，制作皮金的迹象更明显。纳石失若沿袭西方的工艺传统，应该不用纸金，因为，西方造纸术发达较晚，当时还造不出柔韧得可供织造的绵纸。虽然金段子也有使用皮金的可能，纳石失也有使用纸金的可能，但这都不该是最典型、更常规的做法。

---

[1] 周密：《云烟过眼录》卷下，上海：上海人民出版社《画品丛书》本，1982年，第383页；叶子奇：《草木子》卷三下《杂制篇》，上海：上海古籍出版社，1959年，第61页。

[2]《道园学古录》卷二四《曹南王勋德碑》，上海：商务印书馆，《四部丛刊初编》本，第9a页。

[3]［朝］佚名：《朴通事谚解》卷上，朝鲜京城帝国大学法文学部《奎章阁丛书》本，1933年，第88～90。

[4]《元史·百官志》，第2226～2227、2256页。

4．幅面的宽窄

起码有些纳石失幅面宽于当时的一般丝绸。倘若当年欧洲教士的描述不错，大汗蒙哥的妻子赐予的纳石失便“同床单一样宽”，❶因此，不该窄于今日的4尺。在内蒙古达茂旗明水出土的联珠四花纹捻金锦袍面，图案不同于中国传统（图20），当系纳石失，其幅宽也超过了100厘米。幅面较宽也是西域织物的传统特点，如5世纪的西域织锦常常幅宽4尺上下，❷7世纪，玄奘法师记述西行见闻，又说波斯“工织大锦”。❸

图20 联珠四花纹捻金锦花纹摹绘图

元代，一般丝绸的幅宽在官尺1尺4寸至2尺（那时的官尺应合39.5～41.2厘米）之间，❹这比今日的4尺窄了许多，元代的集庆路织造官纱，它幅阔3尺，时人就说它在“大数以上”。❺其实，元政府规定的丝绸常规幅宽还是在延续唐代1尺8寸、宋代2尺5分的传统，金段子沿汉风，自然应该遵循传统。

说有些纳石失幅面较宽，是因为起码有“御用领袖纳失失”存在。这种织物要裁为衣缘，假如织造得太宽，反倒增加了裁造的麻烦。

---

❶《鲁不鲁乞东游记》第29章，《出使蒙古记》第181页。

❷ 国家文物局古文献研究室，等：《吐鲁番出土文书》第1册，《哈拉和卓八八号墓文书·北凉承平五年道人法安弟阿奴举锦券、哈拉和卓九九号墓文书·义熙五年道人弘度举锦券》，北京：文物出版社，1981年，第181、189页。

❸ 玄奘、辨机：《大唐西域记》卷一一《波剌斯国》，北京：中华书局，1985年，第938～939页。

❹ 拙著《元代工艺美术史》，沈阳：辽宁教育出版社，1999年，第77页。

❺ 孔齐：《静斋至正直记》卷一《集庆官纱》，国家图书馆藏清抄本。

图21 元代皇后像

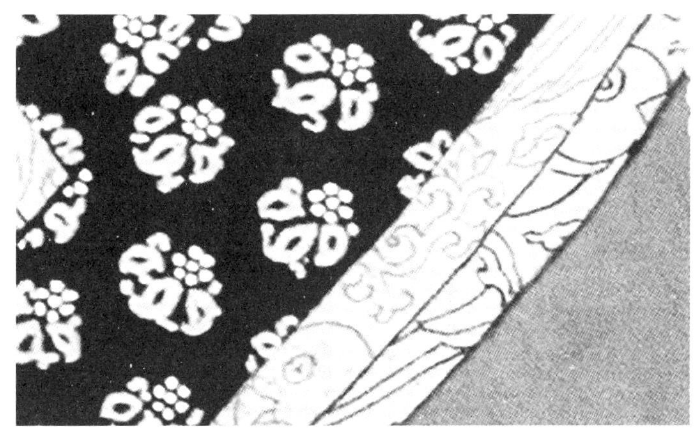

图22 御用领袖纳石失图像（元世祖皇后像局部，元后期）

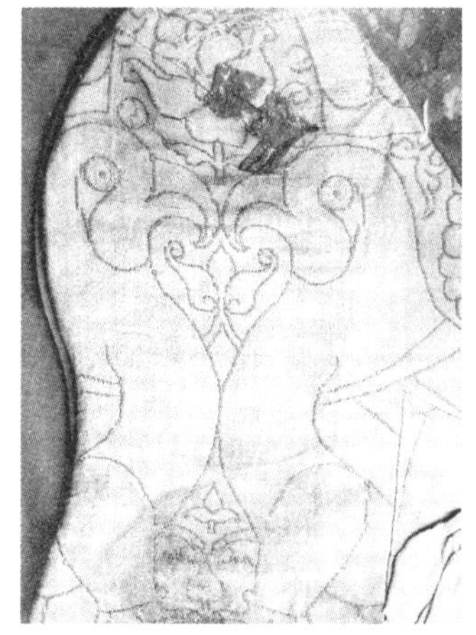

图23 对雕纹锦局部

图24 对雕纹锦花纹摹绘图

这里，还该讨论一下“御用领袖纳失失”的装饰面貌。“御用领袖纳失失”实物尚未闻遗存，但在台北故宫博物院的《元代皇后像册》和纽约大都会博物馆的刻丝大威德金刚曼荼罗上，还能见到其形象。

《元代皇后像册》共15帧，绘在诸皇后领口外缘的即是领缘纳石失（图21）。其金线几乎布满锦面，空隙只是花纹的轮廓线，故比一般织金锦更明艳、更灿烂，这显然是为着增强装饰的效果。在世祖皇后等人的领缘纳石失上，还可辨认出鸟头（图22），它们与内蒙古达茂旗明水墓地出土的对雕纹锦风帽的图案（图23、图24）酷似，至于对雕纹锦，可能也使用了撚金线。[1]

[1]《织绣珍品》图版说明，第194页。

刻丝大威德金刚曼荼罗为元文宗时代完成的织佛像，下方的供养人为明宗、文宗夫妇，在两位皇后像上，袖口的边缘即“御用领袖纳失失”中的袖缘纳石失（图25），这是今日仅存的袖缘纳石失形象。虽因袖缘纳石失图案太小，装饰题材已难推定，但金线依然几乎布满锦面。

蒙古族统治集团珍爱织金锦，常用以为服装面料，帝后就是表率。在刻丝大威德金刚曼荼罗和台北故宫博物院藏《元世祖出猎图》上，其织金锦袍服的形象还能见到（图26）。其面料应当是金段子，因为，不仅装饰主题为汉风的双角五爪龙，并且为右衽的汉式服装。

图25 刻丝大威德金刚曼荼罗之元文宗后卜答失里

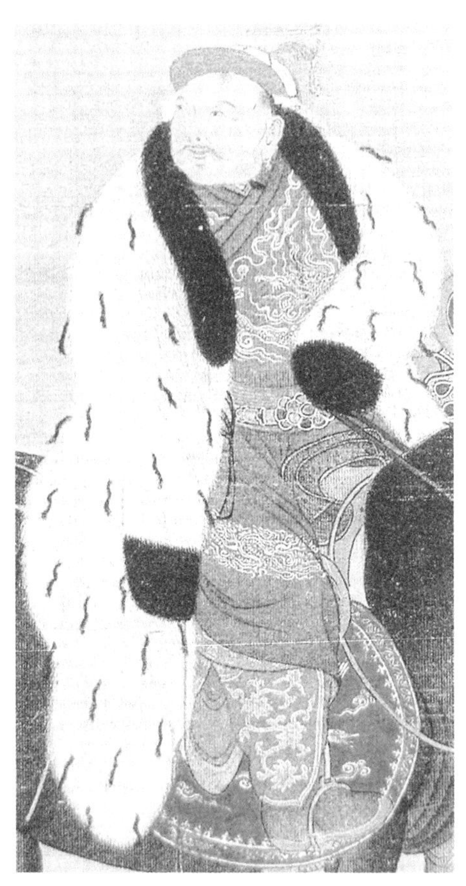

图26 《元世祖出猎图》局部（刘贯道1280年绘）

前述在盐湖元墓获得的两种纳石失虽然也用为衣缘，但却是用边角碎料拼缀而成的，故装饰面貌与“御用领袖纳失失”截然不同，于此，图案的差异显然并不重要，重要的是金线在锦面上占据空间的多寡。

纳石失和金段子的差异虽然又列出上述四种，但一定要说明的是，这些差异恐怕只体现在典型的作品上，因为，在文化大交流、民族大融合的时代背景下，两种织金锦也一定会互相影响，而这种影响自然要渗透到织法、图案、棉纬、金线、幅宽等已知和未知的各个方面。

归根结底，纳石失和金段子的种种差异都源出不同的文化传统。织造纳石失依靠的技术人才以西域人士为主，穆斯林至少是其骨干，由于统治集团对伊斯兰文明的爱重，纳石失的形式特征也不会脱离（至少不会全然脱离）西方传统。产品面貌既然如此，名称自然也该一仍其旧。

三、与纳石失相关的若干失误

或许出于对虞集"缕皮傅金"记述的信赖，一些专家指出，元代的纳石失（其所谓纳石失往往是元织金锦的绝对同义词）只有中国风格的片金锦一种，并无西方传统的捻金锦，[1]然而，这个误会太明显。因为，捻金早就融入了中国丝绸的装饰传统，如庆历二年（1042年），宋仁宗重申旧禁，仍然不准以捻金等饰衣物，[2]金代的皇后冠服中，也有"撚金线织成大小绶头""撚金线织成带头"。[3]至元二十二年（1285年），捻金的做法在民间依然流行，因此，政府才会禁断。[4]尽管以捻金线装饰丝绸还可以刺绣，不过，既然织纹能用片金线，也一定能用捻金线。

同文献比较，实物能更直观地证明元代无捻金的错误，咸通十五年（874年）封闭的法门寺地宫里的织金锦就是捻金锦，连这里的蹙金绣所用绣线也是捻金线。[5]在内蒙古达茂旗明水墓葬获得的织金锦还是捻金的。或许，捻金锦资料的刊布较晚是个问题，如法门寺发掘在1987年，资料刊布于1988年，明水的出土尽管在1978年，但资料刊布

❶ 如沈从文：《中国古代服饰研究》，商务印书馆香港分馆，1981年，第392页。这个认识也保留在此著的1997年增订本中，见第440页。同样的意见，1987年，奥地利纺织史家黑尔加女士也曾向作者谈起。

❷ 李焘：《续资治通鉴长编》卷一三七《庆历二年五月戊辰》，上海古籍出版社影印本，1986年，第1251页上栏。

❸《金史》卷四三《舆服志中》，第978页。

❹ 佚名：《元典章》卷五八《工部一·杂造·禁治诸色销金》，北京：中国广播电视出版社，1998年，第2132~2133页。

❺ 王亚蓉：《法门寺塔地宫所出纺织品》，《文物》1988年第10期，第27~28页。

于1992年。而早在1973年，新疆盐湖元墓出土的捻金锦已然发表，不知何故，此后，还有专家在继续重复上述的误会。其实，不必事事处处依赖考古发现，因为，仅凭考古资料毕竟不能复原古代。文献史料永远是重要的，仅以现在讨论的问题言，如果了解中国织金锦发展的背景（详后）和元代纳石失生产的状况，若依然出现纳石失不用捻金的误会，反倒是咄咄怪事了。

通常认为，元代的纳石失（仍意指织金锦）即织金缎，但这还是误会，它应出自对“金段匹”“金段子”中“段”的曲解。倘若针对织物，元人所谓“段”常指短于匹的不定长度，在官府抄收赃物、罚没布帛时，会要求记清织物几匹、零头几段，每匹长若干、每段长若干。❶有时，段的意义还会等同于匹，如常课的丝绸，按制度，其长皆为6托，但在镇江路、集庆路（今江苏南京）称“段”，❷在庆元路（今浙江宁波）称“匹”。❸这类不同的称谓大概是由于各地的习惯叫法不同，而不涉及长和宽。毛织物的长、宽没有统一的规格，因此，元人喜欢称之为“毛段子”，其省称是“毛段”。❹当时的人常把段、匹两字连用，以“段匹”指代各品类的织物，质料虽然以丝为主，但也包括了棉、毛等。

由此可知，元代的段、段子、段匹与今日的缎、缎子意义不同，并不指织物组织。至于“缎”字，虽古已有之，但用来指某个特定的丝绸品种，却是后起的意义。今日的缎，宋元时代，以至更晚，被称为“纻丝”。

此外，又有专家把元代的织金锦限定为绮，❺这当是受了《元史·镇海传》中“织金绮纹工”等的影响。在作者所见史料中，尚未见元人织绮的明确记录，若有，绮也应属段匹的一种。尽管储政院系统有纹绮局，❻尽管《元史·文宗纪》说缮工司“掌织御用纹绮”，❼尽管《元史·食货志·岁赐》等常常说起“纹绮”。但古人将“纹”或“锦”同“绮”连用，常常是在泛指纹彩华丽的精美织物，未必非是哪种丝绸不可。这

❶《元典章》卷二一《户部七·钱粮·脏罚开写名件》，第819～820页。

❷ 俞希鲁：《至顺镇江志》卷六《赋税·造作》，第2306页上栏；张铉：《至正金陵新志》卷六《官守志·本朝统属官制》，第5562页上栏，北京：中华书局《宋元方志丛刊》本，1991年。

❸ 袁桷：《延祐四明志》卷一二《赋役考·织染周岁额办》，第6294页上栏；王元恭：《至正四明续志》卷六《赋役考·织染周岁额办》，第6522页下栏，《宋元方志丛刊》本。

❹《通制条格》卷二七《杂令·毛段织金》，第294页。

❺ 朱绍侯：《中国古代史·下》，福州：福建人民出版社，1982年，第50页。

❻ 此据《永乐大典·局字韵》，第18a页，《元史·百官志》记为“纹锦局”，见第2263页。

❼ 第729～730页。

里，了解唐人对绮的解说似乎依然重要，他们认为，绮是用两种彩线织纹的丝绸，[1]这同织金锦色地金花的情形一致，元人称织金锦为“金绮”“金织文绮”，[2]所取应当就是其双色的古义。

关于元代织金锦的组织，文献记录过绫、罗、纱、纻丝等，在内蒙古镶黄旗的哈沙图，可能还出土过织金绝。[3]因此，不必把织金锦的组织界定在某种或某几种，只要是当时常见的丝绸组织，都有可能是织金锦。而沿用今日通行的理解，只可将以金线织纹的缂丝排除在织金锦之外。当然，在元代的纳石失实物中，缎的组织出现较多，如前述藏在欧洲的两片纳石失就被著录为织金缎，而在当时，纻丝的品格很高，[4]织金缎的品格也要高出其他织金的丝绸。元贞二年（1296年），有过“绫锦上交织金，纻丝上休交织金”的圣旨，这针对的是中书省以外的地方性官府局院。[5]金段子里，纻丝一类遭遇禁限，因此，其数量应该减少。这同品格较高应数量较少的常理相符。而纳石失不然，缎的组织反而出现较多，或许，这也是纳石失比其他织金锦更高贵的证明。

四、元代织金锦的风靡

元代时期，帝后宗亲是纳石失的主要占有者，因此，保管纳石失成了太府监内藏库的重要职掌。[6]除去自用，天子还经常以纳石失颁赐百官和外番。

纳石失的用途大体等同于一般丝绸，如裁造衣帽、帷幔（图25）、茵褥等。由于它图案华丽、色彩灿烂、装饰性强，又时时制为衣缘，设在大都的别失八里局就以生产“御用领袖纳失失”为主（但已知的使用者还仅为皇后），此外，纳石失还会被大块缝缀于外衣。[7]当时，糜费纳石失最多的活动是质孙宴，质孙，又作只孙、直孙等，它是

---

❶ 慧琳：《一切经音义》卷一《大般若波罗蜜多经卷第一》，上海古籍出版社影印本，1986年，第52页。

❷ 苏天爵：《滋溪文稿》卷九《马文贞墓志铭》，北京：中华书局，1997年，第142页。

❸ 夏荷秀、赵丰：《镶黄旗哈沙图古墓出土的丝织品》，《内蒙古文物考古》1992年第1、2期合刊，第121～123页。

❹ 详见《元代工艺美术史》，第98～101页。

❺《元典章》卷五八《工部一·段匹·织造金段匹例》，第2120页。

❻《元史》卷九〇《百官志六·太府监》，第2292页。

❼ 黄溍：《金华黄先生文集》卷二四《定国忠亮公神道第二碑》，第242页下栏，《四部丛刊初编》缩印本。

蒙古语，汉译为“一色服”。质孙宴是元代特有的大型宫廷宴饮，与宴者动辄逾千，上自君王、百官，下至乐工、仪卫，都要穿同一颜色服装。质孙，天子冬夏共26种，百官共23种，其中，分别有4种和3种是以纳石失制作的。❶

蒙古君主对纳石失宝爱非常，不仅生前愿使它不离左右，死后，还要以它遮覆棺木、装饰车马。❷这种宝爱可谓源远流长，当年，成吉思汗坐在阿勒泰山上，就曾发誓，要把妻妾媳女“从头到脚用织金衣服打扮起来”。❸果然，一旦拥有了丝织业，蒙古人的袍服面料就换上了织金锦，并且，还不限于后妃公主。❹

丝绸品种极为丰富，但蒙古君王亲贵为何要偏爱纳石失呢？这同他们崛起时的文化状况有直接联系。

蒙古族早期的手工业相当原始，生产局限在皮、毛、木、骨的小范围内，席卷中亚令他们获得了精美的手工艺品和优秀的工匠。❺蒙古族上层占有汉地手工艺品的时间虽然更早，但以其当时的文明程度，若要欣赏如宋的清隽典雅还相当困难。他们又较早地接触到了伊斯兰世界的手工艺品，对其外现的精美华丽很快宝爱非常，因此，在相当大的程度上，他们对手工艺品的审美判断是由伊斯兰艺术培养的。

据载，蒙古国的第二代大汗窝阔台为抬高穆斯林的地位，曾下令将伊斯兰世界的名品与中国的劣货并陈，做出了两者相差悬远的评判。❻这样的评判对后继者影响深远，因此，元朝的政府里，设置了回回司天监、回回国子监、广惠司、常和署等一批伊斯兰文化机构。在帝王亲贵周围，也充斥着来自西域的各类奢侈品，如鸦忽（宝石）、速夫（“回回毛布之精者也”）、❶琐里缘蒙之衫（以西亚的轻薄毛织物制作）、玉河花蕊之裳（用于阗花蕊草织成）❼等。

单凭输入，数量终归有限，于是，又主要依靠回民工匠专设局院大事生产，若

---

❶《元史》卷七八《舆服志一》，第1938页。

❷《元史》卷七七《祭祀志六・国俗旧礼》，第1925～1926页。

❸［波斯］拉施特主编，余大钧、周建奇译：《史集》第一卷，第二分册，北京：商务印书馆，1983年，第359页。

❹彭大雅撰，徐霆疏证：《黑鞑事略》，上海：上海古籍书店，《王国维遗书》第13册，1983年，第7a页。

❺《黑鞑事略》，第18b页。

❻［波斯］志费尼著，何高济译：《世界征服者史・合罕言行录》，呼和浩特：内蒙古人民出版社，1981年，第243页。

❼陶宗仪：《元氏掖庭记》，第9b页，《续百川学海》本。

仅以丝绸论，则不但有纳石失，还有撒答剌欺（原为中亚织锦）。[1]倘若官营作坊能令产品与西方类似，便可得到褒奖，如弘州的毛织物貌似西锦，匠官即因此升迁知州。[2]不仅在生前，就是死后，蒙古君王也愿以伊斯兰产品陪伴，如其丧葬大量使用纳石失。[3]

对伊斯兰文明的亲近是蒙古上层爱重纳石失的重要原因，这种爱重引出元代社会对织金锦的追逐，终于招致了真假饰金丝绸的风靡天下。

按马可·波罗的记忆，中国的蚕桑之地大多出产织金锦，其中，应该既有官府产品，又有民间商品，既有纳石失，又有金段子。由于元代织工以汉族民众居多，故金段子的数量也大于纳石失，如在前述中书省的新春贡献里，金段子已是纳石失的5倍，这或许反映的是官府作坊中织金锦的产品比例，而在民间，金段子所占的比例还应当更高。

按元代制度，织金锦的生产仅限制在官府作坊派定的份额里，但“系官人匠”屡屡“夹带织造”，而应役之暇，匠户则可用自家机具，自备物料，制作发卖，[4]因此，一旦管制稍见弛缓，民间私织、私贩织金锦就会煽惑成风，迫使政府法令频颁，以期禁断。然而，法令频颁，说明的正是屡禁不绝。照规矩，织金衣很尊贵，只准蒙古人的达官、近侍服用，但每逢七月十五日，上都（在内蒙古正蓝旗）妇女都要衣金纱。[5]当然，如若执行严格，钦定的制度仍有效力，但元人对织金锦的酷爱难以压抑，民间甚至出现了熏银充金的假织金锦。[6]

元代社会喜奢侈，尚富丽。因为织金锦风靡天下的引领，织物饰金也盛极一时。织金以外，较常见的是印金（图27），这样的衣物在内蒙古的元集宁路故城遗址出土了不少，那时的印金水平已经很高，如集宁路故城的遗物，图案纤小，纹样清晰，线条流畅，花纹附着牢固（图28），制作极其考究。元人还会时常说起“间金”的丝绸，[7]这大约是以金线作为织花彩线的一种。

---

❶ 关于蒙元手工艺品同伊斯兰世界的联系，请参拙著：《元代工艺美术史》，沈阳：辽宁教育出版社，1999年，第93～97页。

❷《元史》卷一四《世祖纪十一》，第299页。

❸《元史》卷七七《祭祀志六·国俗旧礼》，第1926页。

❹ 陈高华：《匠户》，《中国大百科全书·中国历史·元史》，第48页。

❺《山居新话》卷三，第367页下栏。

❻《通制条格》卷二八《杂令·熏金》，第295页。

❼《元史》卷二〇八《高丽传》，第4612页。

图27 天蓝色缠枝牡丹纹绫地四季花纹印金袍

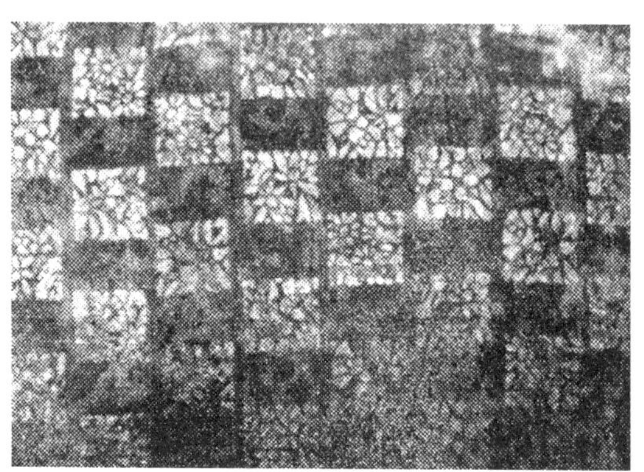

图28 褐色素罗地四季花纹印金残片局部

织金风气的盛行又催化了织银技术的发展，熏银充金是个非法的例子，合法的大约是妆银，其元代的称谓或许是“银妆”，延祐六年（1319年）的禁令透露出御衣领袖已有“银妆”，❶可知，品格不低。在汪世显家族的墓葬中，妆银丝绸也有出土。

丝绸之外，元代的毛织物也在织金，最晚在中统二年（1261年），毛段织金已经引起统治者的关注，或因其靡费，便有禁断的诏旨。❷

五、中国织金锦的缘起和早期发展

尽管在辩论财经政策时，西汉人士已经在批评中等人家“罽衣金缕”，奢华靡费，❸虽然晋人在描述石虎的荒唐时，也说到“金缕织成合欢袴”“金缕织成合欢帽”，❹但仅凭语词，都还无法判定其花纹是用金线织就的。因此，依仗文献将中国织金锦出现的时间上推到十六国、到汉，甚至战国，并没有凿实的证据。

从中国的文献看，若讲确确实实的织金锦，东方应当晚于西方。早期出现在中国

❶《元典章》卷五八《工部一・段匹・禁治花样段匹》，第2129～2130页。

❷《通制条格》卷二七《杂令・毛段织金》，第294页。

❸ 桓宽：《盐铁论・散不足》，北京：中华书局，马非百《简注》本，1984年，第226页。

❹ 陆翙：《邺中记》第7页，《丛书集成初编》本。

的织金锦往往来自西域，特别是西亚，那是在8世纪中叶以前。如隋开皇中，波斯献来“组织殊丽”的“金线锦袍”，[1]开元四年（716年），大食送来“金线织袍”。[2]宋以前的文献屡屡说起西亚国家的织金锦，透露着那里织金锦夙有传统，且量大质优的消息。按照波斯史籍《世界征服者史》《史集》的载录，在13世纪初，当蒙古大军首次西征时，中亚的织金锦已经十分兴盛，令蒙古统治集团痴迷异常。

虽然人们期盼着时代更早的资料，不过，在已有的知识里，中国确曾织造金锦的第一人还要晚到隋代的何稠，并且，他织金锦，却有比照，样板是波斯献给隋文帝的“金线锦袍”，而何稠的祖籍则应在中亚的何国（隋朝的属国之一），其祖父“细脚胡”（或作细胡）有过为南梁武陵王萧纪“主知金帛”的历史。[3]

中国开始大批生产织金锦的时代应该已经晚到中唐。因为，在盛唐后期，即令铺张奢靡如晚年的玄宗皇帝，皇家府库里，也只有两领织金锦浴袍，一领天子自奉，一领给了杨贵妃。但到晚唐之初，风气大变，节俭的文宗皇帝已经慨叹织金衣物在富室豪门的泛滥了。[4]唐时的织金锦不仅发现在著名的法门寺塔地宫[5]，还出土在青海都兰的热水[6]和新疆鄯善的鲁克沁[7]，热水的残片只显示出西域的工艺特点，而鲁克沁的出土物则断非唐风，若非产在中亚国家，就是出自当地织工梭下。

辽宋金时期，织金锦屡屡见诸载籍，考古学更能提供一些实证。但很有意味的是，虽说丝绸织造南盛于北，织金锦生产却北盛南衰。以织金的文物看，在宋墓中，尚未闻发现，但在辽墓里，则出土了织金锦[8]和织金的绛丝，[9]而在金墓里，既有织金锦，还有妆金的丝绸。[10]同时，在宋人的笔下，内迁的回鹘也是织金的能手。[11]元代中国织金锦

---

[1] 李延寿：《北史》卷九〇《艺术传下·何稠》，北京：中华书局，1983年，第2985页。“金线锦袍”在写成稍早的《隋书·何稠传》里，写为“金绵锦袍”，北京：中华书局，1973年，第1596页。

[2] 王钦若，等：《册府元龟》卷九七一《外臣部·朝贡四》，北京：中华书局影印本，1980年，第11405页下栏。

[3] 拙著《唐代工艺美术史》，杭州：浙江文艺出版社，1998年，第3页。

[4]《册府元龟》卷三一四《宰辅部·谋猷四》，第3701页上栏。

[5] 王亚蓉：《法门寺塔地宫所出纺织品》，《文物》1988年第10期，第26～28页。

[6] 许新国、赵丰：《都兰出土丝织品初探》，《中国历史博物馆馆刊》第15、16期合刊（1991年），第64页。

[7]《中国新疆古代艺术》图版250和文字说明，乌鲁木齐：新疆美术摄影出版社，1994年。

[8] 前热河省博物馆筹备处：《赤峰县大营子辽墓发掘报告》，《考古学报》1956年第3期，第1～26页。

[9] 辽宁省博物馆，等：《法库叶茂台辽墓记略》，《文物》1975年第12期，第29页。

[10] 黑龙江省文物考古研究所：《黑龙江阿城巨源金代齐国王墓发掘简报》，《文物》1989年第10期，4～7页。

[11] 洪皓：《松漠纪闻上》卷上，第3～4页，《丛书集成初编》本。

鼎盛，但随着明王朝的建立，织金锦的兴盛也转为历史。

简略追溯中国织金锦的历史，是为了揭示两个联系，一个是同西亚乃至西域国家的，另一个是同北方乃至西北民族的。

隋唐是西亚织金锦进入中原和中国自产织金锦的初始时期，此时，东西交流频繁，统治集团与西北民族文化联系密切，甚至有血缘关系。辽宋金是中国织金锦的发展时期，但织金风气最盛的是北方，辽金与西方的联系多于宋，而肇建政权的契丹、女真都是北方民族。元代是中国织金锦的鼎盛期，此时，中西交流盛况空前，统治集团又恰是北方的游牧民族，这就是织金锦风靡的大背景。

文献和实物都在证明，古代游牧民族对贵金属的热情远远高过农耕民族。究其原因，物质的因素比审美观念更重要，甚至因此衍生审美观念。为了生存，游牧民族逐水草、避寒暑而居，在不断的迁徙中，要尽可能多地保有财产，只有携带高价值且轻便的物品才利于实现这样的目的。织金锦的图案以金线显示，华贵而富丽，在丝绸中，显然最符合这个要求。因此，元代时统治集团对纳石失的宝爱同蒙古族习惯的迁徙生活也必有关联。

六、结语

（1）中国织金锦的初起和繁盛都同西域国家和游牧民族密切关联。

（2）西域织金锦的历史早于中国，游牧民族对织金锦的喜爱根源于其迁徙的生活习俗。

（3）元代织金锦分纳石失和金段子两类，它们织法、图案、材料、幅宽等种种差别显示的是西方和中国的不同文明和丝绸传统。

（4）纳石失主要产在官府作坊，主要的技术人才来自西方的回民，金段子则官府、民间都在大量织造，织工基本为汉族民众。织工的民族构成是导致纳石失和金段子种种差别的根本原因。

（5）由于纳石失的面貌和其织工的民族构成，所以，名称一如其旧。

（6）纳石失的高贵体现了蒙古族上层对伊斯兰文明的倾慕，织金锦的风靡则显示了统治集团的好尚及其深远影响。

（7）只要是元代常见的丝绸组织都可能被纳石失或金段子采用，不必将当时的织金锦限定为某种或某几种。

（8）纳石失或金段子既可属于片金锦，又可属于捻金锦。

（9）中国织造纳石失的时代主要在元代，入明，虽会延续，但其生产由官府转入民间，规模由大趋小，以至于无，还是可以推断的。

本文为《第三届伊朗学在中国》研讨会（2002年11月，北京大学主办）而作，初刊于《东南文化》2003年第8期。

尚刚，清华大学美术学院，教授

09 从历史图像看宋元时期的织物纹样

袁宣萍

摘　要 | 本文对宋元时期留存至今的历史图像，包括绢本或纸本绘画、墓室壁画、石窟壁画、寺观壁画等作了较全面的梳理，采录人物服饰及其他织物上的纹样，并与同时期出土织物上的纹样进行对比，认为两者具有相当的一致性，表现出基本相同的趋势。并对这一时期几种流行纹样——流水落花、春水秋山、滴珠窠与散搭花作了讨论。图像是纺织品艺术史研究的重要资料，但也要与文献及实物相对照，使图像证史更具可信度。

关键词 | 宋元时期图像、纺织品、装饰纹样

The Fabric Patterns in Song and Yuan Dynasties from The Perspective of Historical Images

Yuan Xuanping

Abstract: This article combs through huge amounts of the extant historical images in dynasties of Liao, Song, Jin and Yuan, including paintings executed on thin silk grounds, paper paintings, tomb murals, cave paintings and temple murals. Through sampling and recording the fabric patterns on figures' costumes in the above-mentioned paintings and a comparative study with the unearthed fabrics during the same time, the author discovers certain identical patterns and tendencies. This article analyzes some popular fabric patterns in that period, namely "waves and floral patterns" "spring" "Akiyama" "bead roundels" and "scattered floral patterns". Historical images are crucial in doing textile history research. A comparative study with literature and objects will enhance images' credibility.

Keywords: Song and Yuan dynasties images, textiles, decorative patterns

图像是古代遗迹的一部分，从图像中考察各历史时期特别是早期的服饰纹样，是服饰文化研究的必要工作。考察对象以各时期的人物画为重点，兼及其他。宋元时期，一方面绘画艺术有了极大的发展，且注重细节的写真；另一方面，作为石窟艺术的代表，敦煌莫高窟保存了这一时期的部分壁画，同时辽金时期的墓室壁画较为丰富，而寺观建筑中也有精彩的壁画保存至今。由于宋元时期出土的织物较为分散，图像资料可以作为有益补充。现根据所涉及的材料，简述如下。

一、宋元时期历史图像中的织物纹样

1．绢本或纸本绘画

宋元时期的人物画中，描绘织物纹样较精细的主要有四类。一是道释人物画；二是肖像画；三是风俗人物画；四是历史题材画。第一类道释人物画有佛、罗汉、菩萨以及道教诸神等，其中尤以佛教的“罗汉图”和“十王图”等题材最为流行，如贯休和刘松年都画过《十六罗汉图》，惜相关作品遗留下来的较少。除文人画家的创作外，还有一部分是宁波、福建等地的民间画师所作，如陆信忠、金大受等留下名字的宁波画匠，画过罗汉图、佛涅槃图、十王图等宗教题材，作为外销画流入日本各地的寺院中。罗汉画在美术史上被分为较粗放的野逸相和较精细的世态相两种，后者一般设色富丽，描画精细，罗汉形象接近人间僧侣，除本身服饰外，且注意周围环境的陪衬，将僧袍、袈裟、椅披、坐垫上的纹样画得很清晰。如东京国立博物院收藏的《十六罗汉图》和美国波士顿艺术博物馆收藏的《五百罗汉图》，罗汉们大多衣饰随意，配色淡雅，纹样以线条构成的几何纹为主（图1）。《十王图》描绘的则是冥府十王审狱的场景，宣扬轮回报应，大多设色浓艳，对比强烈。由于是工笔重彩，服饰与道具上也多见精美的织物纹样。

第二类是肖像画，特别是宫廷帝后和佛教大师的画像。前者如《宋仁宗皇后像》，皇后身穿十二翟鸟大礼服端坐龙椅，旁有二侍女站立，三人的礼服样式具有重要历史价值，椅披上也绘有鲜艳的花卉纹样（图2）；后者如日本泉涌寺藏《南山大师像》

图1 《十六罗汉图》(局部)

图2 《宋仁宗皇后像》

图3 《南山大师像》(局部)

(图3),人物身穿缁衣,座椅上搭着双重椅披,椅披上有清晰的团花和几何花卉纹样,配色清秀朴雅。元代宫廷人物画中,帝后御容的描画也十分精美,以半身肖像画为多,均为蒙古贵族装扮,女性戴姑姑冠,穿交领大袍,宽阔的领子镶边画出纳石失精美的纹样,极具时代特色。

第三类是风俗人物画。宋元时期风俗画兴起,以细腻的笔法描绘人间生活,既有表现宫廷活动的《元世祖出猎图》,也有反映民间风俗的作品,如《货郎图》《婴戏图》《妆靓仕女图》《大傩图》等。以《大傩图》(图4)为例,画面表现人们举行大傩仪式、驱除厉疫时的场面,12位舞者穿戴各异,身持各种器械踏着鼓点起舞,人物造型古朴,衣物上纹样丰富多彩。"婴戏""货郎""仕女"等题材的绘画也有不少织物纹样,至于"文会图"等描绘文人雅集的作品，因强调质朴清雅的着装风格而少见纹样刻画。

第四类是历史题材画。传南唐画家顾闳中所作的《韩熙载夜宴图》，现为宋代摹本。据传南唐后主李煜怀疑权臣韩熙载的忠诚，派画家前往正在举行夜宴的韩熙载府中，将所看到的人物与场景一一画下来，故我们今天有幸得以窥见这场夜宴载歌行乐的全过程，包括琵琶演奏、观舞、宴间休息、清吹、欢送宾客等，各色人物的行为举止、着装打扮和他们所处的室内环境，使人如临现场。宋王朝经济文化发达，但周边强敌环伺，外患严重，对北方游牧民族的态度不似唐代那样开放包容，有关民族关系的历史题材较为流行，如《昭君出塞图》《文姬归汉图》等，有多幅作品传世。

图4 《大傩图》（局部）

2．墓室壁画

宋元时期，经考古发现的墓室壁画极为精彩，不仅数量多，而且绘画保存情况也较好，主要属于辽金境内，内容有描绘墓主人生活场景、门吏随从、男女侍从、备酒点茶、鞍马出行、舞伎散乐等。人物着装有些刻画精细，有些粗犷，但都反映了时代的特点。其中刻画织物纹样较多的是辽代墓室壁画。辽代壁画墓主要分布在东三省、内蒙古、北京、河北及山西等地，其中规格较高的集中在“五京”地区。特别是内蒙古阿鲁科尔沁旗宝山1号、2号辽代壁画墓、河北宣化下八里7号张文藻墓，绘制较为精彩。我们可以在壁画中看到契丹人与汉人不同的发型与着装，以及两者之间的互相影响。如科尔沁旗宝山1号、2号辽墓，共有壁画120平方米，完整的画面有《诵经图》《寄锦图》《降真图》等（图5），女性体态丰腴、面部圆润、服饰华丽，保持着唐代装束的基本特点。河北宣化辽壁画墓，墓主为辽检校国子监祭酒张世卿，共有壁画约86平方米，其中《散乐图》描绘了由12人组成的乐队和舞者，人物比例正确，姿态生动，服饰具有汉族官员特色，极为精彩（图6）。

3．石窟壁画

宋元时期的石窟艺术，其中壁画最出色的还是敦煌石窟。敦煌在五代至宋时期分

图5　宝山2号辽壁画墓《寄锦图》

图6　宣化辽壁画墓《散乐图》

别受归义军、曹氏地方政权、回鹘统治，后又纳入西夏和元的版图。这一时期的壁画风格与唐代有所不同，除了佛、菩萨、金刚、罗汉等宗教人物外，还有较多上层贵族的礼佛图以及供养人形象，是了解这段复杂历史时期民族服饰和装饰纹样的宝贵材料。如敦煌曹氏归义军时期，莫高窟第4、98、454窟、榆林第31窟均出现了于阗国王供养像，这与曹氏统治者与回鹘的联姻有关。回鹘夫人的着装形象也出现在莫高窟和榆林窟的多处壁画中，以榆林窟第16窟最具代表性，画面上夫人身穿弧形翻领、窄袖紧口、红色通裾长袍，衣领和袖口上绣以精美的凤鸟花纹。这样的回鹘装还出现在莫高窟第61窟北宋供养人身上（图7）。西夏统治时期，信奉佛教的党项族开窟造像，也在石窟壁画上留下了供养人的形象。综观这一时期的人物服饰，体现出回鹘、汉族、西夏服装并存的现象，但织物纹样基本上沿袭了唐代以来的传统。

4．寺观壁画

宋元时期保留下来的寺观数量相对较多。其中北宋至辽时期的寺观壁画基本保存在山西，著名的有高平市开化寺大雄宝殿、朔州市崇福寺弥陀殿、繁峙县岩山寺文殊殿等，应县木塔底层墙壁上也绘有辽代壁画。虽然寺观壁画表现的是宗教故事，但人物穿着及生活景象都在一定程度上反映了时代风貌。遗憾的是，这一时期的壁画虽然场面较大，人物众多，但细部刻画反而较少，故织物纹样保存不多。

元代寺观壁画则保存了较多织物纹样，其中最丰富的，一是山西芮城县永乐宫，二是山西洪洞县水神庙明应王殿，其中又以永乐宫为最。永乐宫是一组道教宫观建筑群，其中三清殿内的《朝元图》描绘了道教诸神朝拜原始天尊的壮观景象，于1325年完工，共计绘神祇292尊。场面恢宏，绘技精湛，堪称寺观壁画登峰造极之作。《朝元图》所绘诸神服饰庄重舒展（图8），织物纹样以几何纹为主，卷草纹、龙纹、团花纹也多有出现，此外带有写意风格的“山水纹”也颇具特色。色彩偏爱冷色调的石青、石绿，少量运用朱砂、石黄、赭石等。

图7 莫高窟61窟北宋供养人像

图8 永乐宫南极长生大帝

山西洪洞水神庙元代壁画，因是一座祭祀水神的地方风俗性庙宇，绘有我国古代少见的不以佛道为内容的壁画，特别是南壁东侧绘有一幅“大行散乐忠都秀在此作场”的壁画，是我国目前发现的惟一的大型戏剧壁画，人物服饰和作为背景的帷幔等物上都有纹样，仿佛目睹元代戏剧演员穿着角色服装走上舞台（图9）。另一幅壁画《尚食图》则描绘水神明应王的后宫生活，美丽的宫女们手捧各类食器，花卉纹散点排列在衣裙上。

值得一提的是，作为地面文物大省的山西，有一些杰出的壁画早在20世纪20年代就已流失海外，其中有稷山兴化寺元代壁画、稷山青龙寺元代壁画、洪洞广胜寺元代壁画等，但最出色的壁画《神仙赴会图》却没有原始记录，成为来历不明的巨作。该壁画现藏加拿大安大略博物馆，其艺术水平之高、图像内容之丰富，保存情况之完好，可以说与永乐宫三清殿《朝元图》合为双璧。《神仙赴会图》上诸神服饰上也有精彩的纹样，其装饰部位、题材与艺术风格与《朝元图》如出一辙（图10）。

图9 水神庙壁画《杂剧图》

图10 《神仙赴会图》东壁后部的金星图

二、宋元图像中的织物纹样

宋元时期历史图像中描绘的织物纹样与考古出土的实物比较，可见两者具有相当程度的相似性，可信度甚高。主要表现出以下几方面的趋势。

1. 团花纹样的盛行

宋元时期，团花纹样与唐代繁盛华丽的大团花——宝相花有所区别，不再是正侧相间、层层叠叠的结构，但依然保持团花的基本造型，或花瓣呈中心放射性对称，或者两朵花作上下或旋转对称排列，或由几朵小花集合构成一个团花。中心对称的团花数量较多，如《东丹王出行图》中骑马回首、手持马鞭的红衣男子，在衣袍的前胸、后背、双肩、两袖、前后下摆等处安置团花（图11）。日本泉涌寺藏的《南山大师像》

中的椅披上也饰有团花，七个如意状的花瓣围绕中心构成一个团花，中心为较小的联珠团龙纹，作密集分布。上下对称的团花也很多，如辽宁省朝阳市建平县黑水镇辽壁画墓中的汉人侍从，就穿着牡丹纹大团花圆领袍，大团花由上下两朵对称的牡丹构成（图12）。收藏在日本的各类《十王图》，阎王和小鬼身上也不乏团花纹样。可见宋元时期继承和发扬了唐代形成的团花纹样，并一直延续到清代，成为中国传统丝绸纹样的一个大类。

图11 《东丹王出行图》中的骑马男子

图12 黑水镇辽壁画墓中的汉人侍从

2. 团龙、团凤、团鹤等团窠动物纹样的成熟

唐代出现团窠纹样后，龙与凤也成为主题，或联珠团窠，或花环团窠，内填两两相对或独立的龙与凤。到五代至宋元时期，呈盘旋形的团龙或对飞状的团凤形象逐渐增多。莫高窟109窟东壁《西夏国王进香图》中，国王头戴白鹿皮弁，身穿圆领团龙窄袖袍（图13）；日本东福寺藏《维摩居士像》中，维摩居士盘坐在床榻上，垫毯装饰着团龙团鹤纹样。日本一莲寺藏元代《释迦三尊像》，文殊菩萨座狮身上的背褡边缘饰有红地团凤纹，山西洪洞水神庙的元代壁画戏曲人物图，其中站在舞台左侧的男子圆领袍的胸背处饰大团龙、两肩也饰团龙纹，而舞台右侧的黄袍男子，前身后背饰大团鹤

纹，两肩饰较小团鹤纹，令人联想到两者所扮演角色的尊贵身份。

有意思的是，《韩熙载夜宴图》中的持扇仕女也身穿团窠对雁袍。团窠对雁是唐代官员的服饰纹样，是朝堂上尊贵身份的象征，而身份较低的仕女穿着这种袍服，应该是前朝贵族标志在后世特定场合的再现（图14）。元代任仁发的《张果老见明皇图》则体现了另一种情况，该作品描述《明皇杂录》中张果老在明皇座前施法术的盛唐故事，图中唐明皇着黄袍、张果老着青衣，四位宫廷侍从官也纹饰鲜丽，圆领袍的前后分别饰有四个大团窠，团窠内或为旋转对称的花卉，或为对雁，线条流畅，服饰衣纹一丝不苟，体现了元代士大夫任仁发对大唐盛世的追念（图15）。

由契丹民族建立的大辽国，在服饰文化上却更多地保留了晚唐风貌。当宋代中原王朝的审美转向生动的写生花卉和淡雅的配色时，辽代衣冠却还在演绎团窠动物纹样，团窠中的动物有对雁、对鹅、对鸭、奔鹿和猎人等，体现了北方民族的审美时尚。多年来的考古发掘出土了很多精美的辽代丝绸，包括基本完整的团窠图案袍服，如内蒙古代钦塔拉辽墓出土雁衔绶带纹锦袍，就装饰了大雁展翅对立的纹样，而在墓室壁画的人物服饰上，也屡见团窠动物纹样。

3．从宋代开始，自然花卉题材大行其道

可以分为四个类型，一是小朵花纹样；二是缠枝花卉，是唐代卷草纹样的发展；三是折枝花卉，以写生花卉为主；四是花与鸟的组合，均在图像中多见。

各种小朵花是图像中最常见的女性服饰纹样。究其原因，一方面表现了女性服饰的美丽，另一方面又不会喧宾夺主，让观众把注意力放在人物身上。这种小朵花，一般花瓣围绕花心做放射状排列，以花头为主，不表现枝梗，呈散点分布；如《宋仁宗后坐像》中侍立两旁的宫女、《韩熙载夜宴图》中吹笛的女优、水神庙壁画“王宫尚食”中的侍女（图16）以及敦煌壁画中的女供养人或陪同主人朝佛的侍女们的衣裙。所谓缠枝花卉，指用卷曲的枝条把花头包缠起来，突出主花，同时在枝条上安排叶片和花蕾，有二方连续和四方连续等形式。如水神庙杂剧图中着锦缘袍的两位男子，袍子的领、袖、下摆、双肩都装饰了缠枝牡丹纹织锦。南宋金大受绘制的《十王图》，桌围上装饰着华丽的缠枝莲花纹（图17）。折枝花卉基本上都是写生花，可以辨识出牡丹、梅花、海棠、莲等不同花型，枝、叶、花齐全，在福州黄昇墓出土的绫罗织物上有不少实例，图像如水神庙壁画中的持盘侍女身上的衣裙以及《冬日婴戏图》中两个孩童身上的衣带和领袖装饰，后者与黄昇墓中出土女式衣衫上的衣领纹样有很高的相似度。花与鸟纹的组合，在唐代敦煌壁画中多见，如曹氏家族供养人的衣裙、披帛（第98窟）

图13 莫高窟109窟《西夏国王进香图》

图14 《韩熙载夜宴图》中的持扇侍女

图15 《张果老见明皇图》(局部)

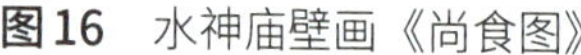

图16 水神庙壁画《尚食图》

图17 《十王图》中的桌围

和西夏供养人（第409窟）衣袍的翻领纹样。出土实物中也有不少，是宋元时期高度发达的花鸟画艺术在装饰纹样中的反映。

宋代也是几何纹样的大发展时期。成书于北宋晚期的建筑工程技术规范——《营造法式》在“彩画作”中记录了大量建筑彩绘纹样，并将几何纹样的锁纹单独列为一个大类：“琐文有六品，一曰琐子、联环琐、玛瑙琐、叠环之类同；二曰簟文，金铤文、银铤、方环之类同，三曰罗地龟文，六出龟文、交脚龟文之类同；四曰四出，六出之类同；五曰剑环，六曰曲水。”尽管不能直接对应于织物纹样，但其中很多纹样类型和名称与文献记载是一致的，如锁子、簟文、金铤、银铤、龟文、曲水等几何纹样与球路纹，均流行于宋元织物上，并在视觉图像中反映出来。

记录几何纹样最丰富的是永乐宫元代壁画《朝元图》。在三清殿墙壁上所绘的众多仙家人物，那潇洒的线条构成了天衣的满壁风动，然而仔细看去，衣服的领口、袖边、衣带等各种织物上都有精彩的纹样，其中多为几何纹，有龟背、金铤、银铤、球路等，至于四出、六出，可能是一种圆环与直线交错的编织纹样，亦可在群仙的衣领中发现。锁纹在晚唐已经出现，簟纹是一种经纬交织的席文，曲水是直线正交构成的连绵不断的纹样，有卍字、工字曲水等，这些都在后世的织物上得以广泛应用。元初的《蜀锦谱》记载了这些纹样名称。除永乐宫壁画外，在宋元绘画、辽金元墓室壁画上也能处处发现这些几何纹样。如宋代名画《冬日婴戏图》中儿童所穿的对襟衫就装饰着球路与龟背瑞花纹（图18），内蒙古阿鲁科尔沁宝山2号墓壁画《寄锦图》《颂经图》的女子服饰上，也装饰着龟背纹、回纹和球路纹。

图18 《冬日婴戏图》（局部）

三、宋元时期几种流行的织物纹样辨识

宋元时期，织物纹样有其时代特点，有些纹样为当时所独有，如春水秋山、满池娇、滴珠窠、散搭花等，有些则一直延续到后世，如八达晕、流水落花等。满池娇纹样在文献中有记载，并有相关织物出土，但没有在图像中发现，也可能是搜集的范围有限；而流水落花、春水秋山、滴珠窠、散搭花等都在图像中反映出来，流水落花纹甚至比实物年代更早。

1．流水落花

流水落花纹一般认为起源于宋代。纹样来源有两种说法，一说成都蜀锦艺人根据唐代诗人李白《山中问答》“桃花流水窅然去，别有天地非人间”句中的优美意境而设计。这一暮春意境多见于诗词中，如唐晚期诗人李群玉“兰浦苍苍春欲暮，落花流水怨离琴”句，南唐后主李煜也有“流水落花春去也，天上人间”之叹，均深入人心；二谓蜀锦艺人将织锦在水中漂洗，透过清清的水面锦上花纹若隐若现，故设计了这种纹样。总而言之，这种纹样的基本元素有二：一是流水或水波纹，二是在水波中起伏的花朵。与古代纹样多追求喜庆吉祥不同，落花流水纹体现了“花落水流红”的暮春诗意，有着不同于寻常的文人情趣。

元陶宗仪《南村辍耕录》提到所见之宋书画装裱，其中锦裱有“紫曲水”，并注“俗呼落花流水”，可见宋代落花流水纹锦已用于书画包首，而且意味着元代也有此类纹样。从实物看，真正流行是从明代开始的，并从织锦衍生到陶瓷等其他装饰领域。天顺三年（1459年），王佐增补《新增格古要论》“古锦”条谓：“今苏州府有落花流水锦及各色锦”，可见明代苏州生产这种织锦。故宫博物院、首都博物馆收藏的明代经皮子中，更有多种形式的落花流水纹。一般以流动的水波纹为衬底，或配有翻卷高扬的浪花，其上布以桃花、梅花及其他花朵。从目前出土实物看，并没有发现明以前的此类纹样。但收藏于南京大学考古与艺术博物馆的《伐阇罗佛多尊者图》，尊者的袈裟上装饰着水波与梅花，纹样非常典型。该图据称属于元代，则应是明代盛行的流水落花纹的一个早期案例（图19）。

图19 《伐阇罗佛多尊者图》（局部）

2．春水秋山

春水秋山是辽金元等游牧民族建立的王朝分别在春秋两季举行的游猎活动，体现在装饰艺术中，就出现了“春水秋山”纹样。《金史·舆服志》记载：“其从春水之服则多鹘捕鹅，杂花卉之饰，其从秋山之服则以熊鹿山林为文”。说明服饰中的春水之纹，以鹘捕鹅为主题，以池塘花卉为背衬；而秋山之纹，则以熊鹿为主题，衬以山林景色。出土或传世文物证实了这种装饰纹样的流行。如内蒙古阿鲁科尔沁旗辽代耶律羽之墓中出土的丝织品中，有两件罗地压金彩绣表现的正是秋山图案。彩绣均为散点的团搭纹样，一件表现鹰逐奔鹿的主题，一鹿奔逃，一鹰在头顶张翅俯冲，身姿矫健；另一件表现山林奔鹿的主题，两鹿头顶花冠，身长翅膀，一前一后奔跑在山林间，两侧云气缭绕。黑龙江阿城金墓中出土的一件瑞云双鹤纹织金绢，双鹤在云天中飞翔，姿态优美，虽然没有春水中的鹘捕鹅那么直接，但可看作是春水纹的延伸与变化。春水秋山纹样同样在图像中得以印证，如内蒙古巴林左旗辽墓壁画上着团窠鹿纹袍的契丹仆从（图20），团窠主题是高大的林树与树下两只同方向的鹿，与耶律羽之墓出土的刺绣上的山林奔鹿纹有异曲同工之妙。

图20 巴林左旗辽墓壁画上着团窠鹿纹袍的契丹仆从

3. 滴珠窠与散搭花

宋元时期，出现了很多团窠之外的窠类纹样，这些名称在《营造法式》中有明确记载，如玛瑙窠、方胜窠、樗蒲窠等，分别是三出形窠、四出尖窠和两头尖、中间鼓的窠形。还有一种珠焰窠在《南村辍耕录》中有记载，形状为一头尖、一头圆，类似于滴珠、火焰形，带有西方瑞果纹的味道。这种窠形在元代织金锦上特别流行，永乐宫三清殿壁画上有装饰滴珠窠纹样的织物，元后妃肖像中也有见到，实物更有不少。滴珠窠内的主题可以是动物也可以植物或两者的结合，相对较自由。

滴珠窠纹样似乎与北方民族的好尚有关。宋代由于较严重的外患压力，反映中原民族与草原民族关系的绘画主题流行。如南宋画家陈居中的《文姬归汉图》，画汉使持节备驾迎候蔡文姬从匈奴回归的场景，图中文姬与左贤王对饮（图21），令人感叹的是，图中左贤王的着装打扮与袍服上的滴珠窠纹样，正与金元服饰相吻合，并与汉使在着装上形成对比，可见画家对细节的重视及观察的细致入微。

具有金元时代特色的还有散搭花纹样，也称“散搭子”或“答子花”，是指一块块面积较小、形状不那么规则的纹样，呈整齐的散点排列。搭子有方形、长方形、圆形、水滴形或其他形状，它的特点一是面积较小，二是经常用金，三是搭子中的纹样是自由的，一般不对称，用花卉或动物构成一个纹样单元，因此与其他圆形散点纹样区别开来。黑龙江阿城金代齐国王墓、元代集成路故城遗址、甘肃漳县汪氏家族墓出土的织物中，有不少装饰了散搭花。在图像方面表现此类纹样也有不少。如《元世祖后像》皇后所穿大袍的衣领，就装饰了较小的花卉纹搭子（图22）。

图21 陈居中《文姬归汉图》（局部）

图22 《元世祖后像》（局部）

四、结语

综上所述，在浏览了中国古代众多的视觉图像后，深深为两千年来不曾断绝的人物画传统感到自豪，更为这些作品保留了大量服饰资料和织物纹样感到庆幸。但是，图像毕竟不同于实物，画中的织物纹样，与真实的织物纹样之间有什么区别？有没有程式化或随意化的情形存在？这种情况当然是存在的，但从整体来看，即使图像上的织物纹样存在随意性，与真实的织物之间也有一定差异，但纹样的题材、形式、风格仍然与同时代的实物纹样有着相当的一致性，与其所反映出来的时代趋势是相吻合的，换言之，图像证史是可信的。当然，图像证史也会存在一些问题，这就要求我们在运用历史图像的时候加以辨识，而不是等同于历史纹样。具体到宋元时期，由于这一时期文献记载不够丰富、出土文物较分散等原因，历史图像中织物纹样的采集与佐证就更为重要了。

课题来源：中国丝绸文物分析与设计素材再造关键技术研究与应用（2013BAH58F00）。

袁宣萍，浙江工业大学，教授

10

说“蓝袍大王”：明代秀才服色之道德意蕴及其行为转向

陈宝良

摘　要 | 秀才的官称应为儒学“生员”，属于“四民之首”。明代秀才的标准服色为头戴方巾，身穿襕衫，腰间系绦，脚蹬皂靴，内含道德意蕴，且必须遵从传统的礼教规定。明代前期，秀才主要在明初规定的礼制、法律框架内依制而服，并形成一套固定的服色生活。中叶以降，秀才完全按照个人爱好或自己财力所及生活，举凡以华服为贵、冠服诡异以及服色的女性化倾向，其服色开始对传统礼制形成种种冲击。一至明季，士气日骄，士行日趋堕落，终致秀才有“蓝袍大王”之号。其结果则导致服色与行为之间的异化，使秀才不再是温文尔雅的“蓝袍先生”，而是形同无赖一般。

关键词 | 明代、秀才、服色、蓝袍大王

On “Scoundrel in Blue Gown”: The Moral Implications and Their Behavioral Transformations about the Costume Colors and Grade in Xiucai, Ming Dynasty

Chen Baoliang

Abstract: The official name of Scholars (Xiucai) should be “Shengyuan”, which belongs to “the Chief of the Four Civilians”. The standard Uniforms of Scholars in Ming dynasty was wearing a square scarf, wearing a shirt, sashes around the waist, and wearing boots. It contains moral connotations and must comply with traditional ethical regulations. In the early Ming dynasty, Scholars mainly dressed according to the rules within the ceremonial system and legal frameworks, and forms a fixed set of social life corresponding to their uniforms. Since the middle of the Ming dynasty, Scholars completely lived in accordance with his personal hobbies or his own financial resources, regarded gorgeous costumes as the most valuable, strangely worn and their clothing styles tended to be feminine, which began to have various impacts on the traditional ceremonial system. Towards the end of Ming dynasty, the ethos of Scholars became more and more arrogant, and the behavior of Scholars became more and more degenerate, finally led to Scholars had the title of " Scoundrel in Blue Gown". As a result, the alienation between uniforms and behaviors caused the scholars to be no longer polite "Mr. Blue Robe", but rogues.

Key words: Ming dynasty, Xiucai, the costume colors and grade, scoundrel in blue gown

引论：从士人服色等级说起

传统中国的服色内含两个世界，一个是“伦理世界”，另一个则是“时尚世界”。细究之，伦理世界的宗旨是服色等级有序，且赋予服色丰富的道德意蕴；时尚世界则以追求服色美为主旨，服色不再含有道德意蕴，且不时冲决传统服色的等级秩序。

秀才是一种俗称，写在书面上的官称应为儒学“生员”，属于“四民之首”。明代秀才服色内含伦理因子，必须遵从传统的礼教秩序。万历年间，耿定向任南京都察院右都御史时，曾替他的侄子行冠礼，其中所行三加之服，大抵已经透示出一种信息，即随着士人在人生历程中角色的不断转换，服色亦随之改变：当启蒙成为童生时，其服色为幅巾、深衣、履鞋；当进学成为秀才之后，则改用头巾、襕衫、丝绦、靴；而一旦中举成为进士，则须改用冠服、角带、靴、笏。[1]为了保证士人服色的等级威严，明朝廷在制度层面加以严格控制。如洪武二十六年（1393年）八月，在颁布的榜文中定有准则，唯有官员、吏胥之类的公人，以及举人、监生、秀才这些科名之士，方可穿靴。至于像军民、商贾、技艺，或者官下家人、火者这些没有身份的普通庶民，“不许穿靴，止（只）许穿皮札𩋾”，一旦违反，就会被“处以极刑”，甚至全家“迁入云南”。[2]此即所谓的服色官民之别，且在制度层面保证了秀才所享有的服色等级优待。

明代秀才服色分为前后两个时期，其间变化迥然。在前期，秀才主要在明初规定

---

[1] [明]顾起元：《客座赘语》卷九《礼制》，北京：中华书局，1997年，第287页。

[2] [明]顾起元：《客座赘语》卷十《国初榜文》，北京：中华书局，1997年，第347页。

的礼制、法律框架内依制而服，并形成一套固定的服色生活。明中叶以降，秀才完全按照个人爱好或自己财力所及生活，其服色开始对传统礼制形成种种冲击。就公服而言，秀才服色前后尚无变化。至于秀才便服，则在明代后期有了很大的变化，创制了诸多新的巾式，甚至服如女子。❶

一、秀才服色的确立及其道德意蕴

明代秀才服色，始定于洪武三年（1370年）。此年，令秀才头戴四方平定巾。二十三年，定秀才之衣，自领至裳，去地一寸，袖长过手，复回不及肘三寸。二十四年，明太祖朱元璋有感于学校为国之储材，而士子巾服却与吏胥大体相同，宜加以甄别。“命工部制式以进。上亲视，必求典雅，凡三易，其制始定。”❷从此以后，秀才改服襕衫，士子衣冠，绰有古风。自明代中期以后，由于商品经济的持续发展与繁荣，这套服色制度难免受到冲击，但直至明末，服色等级制度仍然发挥着应有的作用。如明末清初人姚廷遴就说，“明季服色，俱有等级”，秀才戴巾，百姓戴帽。如果是普通的庶民百姓，即使家里极富，不许戴巾。❸这是服色等级制度延续至明末的最好例证。

1. 秀才服色

按照明代的制度规定，秀才标准服色为头戴方巾，身穿襕衫，腰间系绦，脚蹬皂靴。

明代秀才巾式，内以青丝束发，即戴网巾，再在外戴一方巾。网巾，古无此制。明初，改易胡风，以丝织网，以束其发，称为“网巾”。❹方巾，即古所谓角巾，在明代

---

❶ 明代秀才服色的前后变化，不妨试作比较如下：明初秀才服色，大致为身着襕衫，襕衫前后用飞鱼补子。外出时骑驴，有伞，伞用青色绢，后面跟随门斗。至崇祯八年（1635年），根据当时的一幅《游泮图》，秀才服色为方巾、襕衫，头上插戴两朵金花，骑乘白马，前有彩旗，后张黄盖。秀才出行，从骑驴、用青色绢伞，转而变为骑马、僭用黄伞，足以证明秀才服色已冲破传统的礼制规定。参见《清朝野史大观》卷三《士子入庠服襕衫》，上海：上海书店，1981年，第17页；[清]俞樾：《茶香室丛钞》卷三《牛叟先生游泮图》，第2册，北京：中华书局，1995年，第696页。

❷ [明]郭正域：《皇明典礼志》卷十八《生员巾服》，收入《四库全书存目丛书》，史部第270册，台南：庄严文化事业有限公司，1997年，第704～705页；《明史》卷六十七《舆服志》，北京：中华书局，1984年，第1649页。

❸ [清]姚廷遴：《历年记》附《记事拾遗》，上海：上海人民出版社，1982年，第165页。

❹ 一般认为网巾起自洪武初年，然据唐人《开元八相图》，其中就有“岸巾”“下露网纹”。可见，唐代即有网巾，只是其式与明代略异。相关的记载，参见[清]周亮工著，张朝富点校：《因树屋书影》第九卷，南京：凤凰出版社，2018年，第231页。

又称“头巾”。其制与云巾相同，仅无云巾之纹。方巾来源于汉巾、晋巾、唐巾，在当时均为儒者冠服。入明以后，则科甲、监生、秀才兼而用之。❶以网巾束发，顶网则圆，称之为“发束中原”；头巾四方，平顶，称之为“四方平定”。❷故当时有“法属中原，四方平定”之说。❸

秀才所服襕衫，据《唐志》：“马周以三代布深衣，因于其下著襕及裾，名襕衫，以为士子之服。”❹可见，襕衫创始于唐人马周，而其式则因袭古代深衣之制。

明代秀才襕衫，采用玉色布绢制成，宽袖皂缘。自宋至明，秀才之服均为白衣，故有“白衣秀士”之说。❺洪武二十四年（1391年），始将襕衫定为玉色。古代服色之制，斜领下连于衿，故又称领为“衿”。《诗经·郑风·子衿》云：“青青子衿，悠悠我心。”此即其例。明代秀才服玉色襕衫，外用青边，即从领至衿，均为青色，故称秀才为“青衿”。

脚蹬皂靴，显然也是一种身份象征。在明代，只有有身份的官员乃至科名人士，才有资格使用靴子。至洪武二十五年（1392年），又将使用靴子的范围扩大到文武官员的父兄、伯叔、弟侄、子婿。

2. 秀才服色的伦理等级性

明代秀才巾服，既不同于官员的纱帽、圆领，❻又与举人、贡生服色有别。根据明代的制度规定，贡、举入监肄业者，与生员服色相同。洪武末年，允许监生戴遮阳帽，“后遂私戴之。”❼洪熙中，“帝问衣蓝者何人，左右以监生对。帝曰：‘著青衣较好。’乃

---

❶［清］杜文澜：《古谣谚》卷五十一《方巾谚》，北京：中华书局，1984年，第639页。

❷关于“四方平定巾”的源起，可参见［明］祝允明：《野记》卷一，载氏著，薛维源点校：《祝允明集》下册，上海：上海古籍出版社，2016年，第837页。

❸［明］朱权：《原始秘书》卷六《冠服·首饰门》，收入《四库全书存目丛书》，子部第173册，台南：庄严文化事业有限公司，1997年，第106页。按：王圻《三才图会》作“法束中原，四方平定”。参见［明］王圻：《三才图会》卷一《衣服》，收入《四库全书存目丛书》，子部第191册，北京：中华书局，1995年，第632页。

❹［明］王圻：《三才图会》卷一《衣服》，收入《四库全书存目丛书》，子部第191册，台南：庄严文化事业有限公司，1997年，第664页；［明］朱权：《原始秘书》卷六《冠服·首饰门》，收入《四库全书存目丛书》，子部第173册，台南：庄严文化事业有限公司，1997年，第107页。

❺［明］郎瑛：《七修类稿》卷二十六《辨证类·襕衫》，载于《传世藏书·子库·杂记》，第1册，海口：海南国际新闻出版中心，1996年，第137页。

❻明代官员的通常服色，则为纱帽、圆领、补子，参见周锡保：《中国古代服饰史》，北京：中国戏剧出版社，1984年，第379～380页。

❼《明史》卷六十七《舆服志》，北京：中华书局，1984年，第1649页。

易青圆领。"[1]可见，自洪熙以后，监生改着青衫。至宣德年间，新举人朝见着青衫，不着襕衫，以便与岁贡生相别。及其下第，送入国子监肄业，仍着襕衫。[2]

当然，秀才巾服也与一般庶民有别，以示秀才之特殊身份。洪武三年（1370年），规定庶人初戴四带巾，后改为四方平定巾，杂色盘领衣，不许用黄。庶人帽，不得用顶，帽珠只能用水晶、香木。庶民衣长，去地五寸，袖长过手六寸，袖桩广一尺，袖口五寸。洪武二十五年，诏礼部严禁庶民穿靴，只许穿皮札𩌦。可见，庶民服色与士人之别在于：庶民衣短、袖小，便于劳作；秀才衣长、袖大，虽非如官员一般"峨冠博带"，但亦须体现其长衫斯文之气。

秀才巾服亦可分为公服与便服。就公服而言，秀才照例服黑镶蓝袍（即襕衫），举人、贡生服黑花缎袍，监生服黑邓绢袍，均不镶。举人俱戴圆帽，如笠而小，亦以乌纱漆里。至明末，举人、贡生、监生、秀才同戴儒巾，以黑绉纱为表，漆藤丝或麻布为里，质坚而轻，以显端重。举人、贡生而下以至秀才，均腰束蓝丝棉绦。皂靴与职官相同。至于便服，自职官大僚而下，以至秀才，一概戴四角方巾，服各色花素绸、纱、绫、缎道袍。其中华而雅重者，冬用大绒茧绸，夏用细葛，以示与庶民有异；而朴素者，冬用紫花细布或白布为袍，以示与隶人相别。[3]

3．秀才服色的道德意蕴

明代秀才巾式，内含种种深意：束以青丝，意欲秀才节制谨度，收敛于礼法之内而不敢放纵；绦缌下垂，绦者，条也，意欲秀才心中事事有条理；两根飘带，意欲秀才不要头角峥嵘，羽翼展布，使其柔顺下垂，不敢凌傲。[4]

秀才襕衫之制，无论是制式，抑或用色，均内含深意："中用玉色，比德于玉也；外用青边，玄素自闲也；四面攒阑，欲其规言矩行，范围于道义之中而不敢过也。"[4][5]又秀才襕衫之领，为圆领，青色。圆领原为官服，秀才襕衫用之，其用意是"以官望之，贵之也。"[4]

---

[1]《明史》卷六十七《舆服志》，北京：中华书局，1984年，第1649页。

[2]［清］俞樾：《茶香室丛钞》卷六《举人著青衫》，第1册，北京：中华书局，1995年，第150页。

[3]［清］叶梦珠：《阅世编》卷八《冠服》，上海：上海古籍出版社，1981年，第173～174页。

[4]［明］海瑞：《海瑞集》上编《规士文》，北京：中华书局，1981年，第19～20页。

[5]［明］陈玉辉：《陈先生适适斋鉴须集》卷四《规士文》，收入《四库全书存目丛书》，集部第182册，北京：中华书局，1995年，第102页。

二、秀才服色的变异及其时尚化

明代中叶以后，秀才巾服发生了以下三个方面的变化：一是巾服不再以朴素为尚，而是以华服为贵；二是冠服诡异，式样日新，冲破传统礼制的束缚；三是秀才服色的女性化倾向。

1. 从朴素转向华贵

在明初，秀才服色一律以朴素为尚。如福建莆田，在嘉靖四十一年（1562年）以前，"诸生概布帽，与齐民无异。"❶

明中叶以后，秀才不再安于布素，而是追求纨绮华服，以致有以"锦绮镶履者"。❷即以常熟秀才襕衫所用面料来说，一向以练熟苎布制成。万历三十九年（1611年），许士柔进学，改用湖罗衫。十余年之后，至崇祯时，则尽用湖罗制衫。万历四十三年，有一范姓秀才，用素绉纱制衫，却反而"人皆笑之"。❸秀才服色由俭趋奢，于此可见一斑。尽管就秀才的出身而言，有贫寒与显贵之别，而服色之追求奢华，也多见于显贵、官宦子弟，但毋庸置疑的是，秀才服色由俭趋奢，则是晚明的基本趋势。贫寒或显宦子弟，概莫能外。

2. 服色式样日新

照例说来，方巾峨冠，为士绅之固定服色。而明中叶以降，不仅市人戴方巾者习以为常，下至台舆厮役，也均纷然戴巾，❹甚至有些无赖子，"家绝诗书世泽，目不识一丁，日与椎埋屠沽为伍，而俨然妆首者，一如缙绅冠帽之制，恣情逾僭，漫无忌惮。"❺

方巾佩戴者一滥，士绅只好变创新的巾式，以示区别。巾式的创新求异，首先来自一些官员。如王鏊曾收到他人所赠之巾，"制甚奇，似东坡而小异"。王鏊专赋一诗，以示此巾之异："幞头岜崿帽尖纤，雅俗无如此样兼。垫似林宗微展角，高如苏子不为檐。将笼白发真相称，若对青蛾未免嫌。我是越人犹爱着，肯教漉酒似陶潜？"❻在官

---

❶［明］姚旅：《露书》卷七，收入《四库全书存目丛书》，子部第111册，北京：中华书局，1995年，第668页。

❷《明史》卷六十七《舆服志》，北京：中华书局，1984年，第1649页。

❸《虞书》，载于《虞阳说苑》乙编，初园丁氏校印本，第25a页。

❹［明］吴仁度：《吴继疏先生遗集》卷九《约束齐民告示》，收入《四库全书存目丛书》，集部第172册，北京：中华书局，1995年，第651页。

❺［明］黄凤翔著，林中和点校：《田亭草》卷二十《救时名实论》，北京：商务印书馆，2018年，第402页。

❻［明］王鏊：《震泽先生集》卷七，载氏著，吴建华点校：《王鏊集》，上海：上海古籍出版社，2013年，第146页。

员的倡导下，秀才巾式日趋多样化，举凡九华、凌云、三台、云霞、五常、唐巾、治五、汉巾，❶均为新创巾式。即以南京为例，在隆庆、万历以前，尚守朴谨之风，官员头戴忠靖冠，秀才头戴方巾而已。然一至万历末年，则已经是"殊形诡制，日异月新"。❷不仅士人巾式趋于多样化，即使是士人平日所穿鞋履，亦从过去颇为单一化的云履、素履，转为变为多样化的鞋履式样，大抵有方头、短脸、毬鞋、罗汉靸、僧鞋。❸

明代中期以后，秀才服色式样日新，大抵有以下三大特点：

一是违乖礼制。嘉靖二十二年（1543年），"礼部言士子冠服诡异，有凌云等巾，甚乖礼制，诏所司禁之。"❹万历二年（1574年），"禁举人、监生、生儒僭用忠靖冠巾、锦绮镶履及张伞盖，戴暖耳，违者五城御史送问。"❹由此可见，当时秀才巾服违乖礼制，已成一时风气。

二是摹拟古风。自嘉靖、隆庆以后，明代士绅"雅好古风"，凡是官名、地名，大多喜欢从古。❺这种好古的风气，同样体现在皇帝的爱好中。❻在这股慕古风气中，不仅仅限于服色追求古制，如"衣尚唐段宋锦，巾尚晋巾、唐巾、东坡巾"，而是"诸事慕古"，已经渗透到各种生活层面，诸如"砚贵铜雀，墨贵李廷珪，字宗王羲之、褚遂良，画求赵子昂、黄大痴"。❼其影响所至，但凡出现古时的"鼎彝瑚琏入玩，踊贵如异

---

❶［明］吴仁度：《吴继疏先生遗集》卷九《约束齐民告示》，收入《四库全书存目丛书》，集部第172册，北京：中华书局，1995年，第651页。

❷万历末年，士大夫巾式的多样化，顾起元有如下记载："士大夫所戴其名甚多，有汉巾、晋巾、唐巾、诸葛巾、纯阳巾、东坡巾、阳明巾、九华巾、玉台巾、逍遥巾、纱帽巾、华阳巾、四开巾、勇巾。巾之上或缀以玉结子、玉花瓶，侧缀以二大玉环。而纯阳、九华、逍遥、华阳等巾，前后益两版，风至则飞扬。齐缝皆缘以皮金，其质或以帽罗、纬罗、漆纱，纱之外又有马尾纱、龙鳞纱，其色间有用天青、天蓝者。至以马尾织为巾，又有瓦楞、单丝、双丝之异。于是首服之侈汰，至今日极矣。"参见［明］顾起元：《客座赘语》卷一《巾履》，北京：中华书局，1997年，第23～24页。

❸［明］顾起元：《客座赘语》卷一《巾履》，北京：中华书局，1997年，第24页。

❹《明史》卷六十七《舆服志》，北京：中华书局，1984年，第1649页。

❺［明］于慎行：《谷山笔麈》卷八《诗文》、卷十三《称谓》，北京：中华书局，1997年，第90、148～149页。

❻明代皇帝好古之风，明世宗就是典型一例。据史料记载，明世宗"好用古官名"。他在给大臣的传旨中，通常称他们为"大宗伯""太宰"；他在给胡宗宪总督江西、福建军务的圣旨中，亦云"大司马兼院右正"，而不是直接说"兵部尚书兼都察院右都御史"；他题费宏《咏春同德录》云："内阁掌参机政辅导首臣费宏"，而不是直接用"内阁首席大学士"。参见［明］王世贞：《弇山堂别集》卷十二《今职古衔》，北京：中华书局，1985年，第218页。

❼［明］李乐：《见闻杂记》卷六，上海：上海古籍出版社，1986年，第480页。

宝”，其结果则导致赝品泛滥。[❶]就服色而言，今人具古貌，其实并不合适。正如明人吴从先所言：“秋鸟弄春声，音调未尝有异；今人具古貌，气色便尔不同。”[❷]尽管如此，在服色上摹拟古风，却是明代中期以后秀才服色的时风。

三是追从“时制”。明代中期以后的秀才巾式，不时改换，“或高或低，或方或扁，或仿晋、唐，或从时制”，[❸]甚至出现了悉更古制的“时样”，亦即今人所谓的时装。明人俞弁云：“儇薄子衣帽悉更古制，谓之时样。”[❹]此即其例。何谓“时样”的秀才服色？就巾式而言，就是追求奇异的巾式。如明末秀才所戴的“嚣嚣巾”，前后两片，“长大皆尺许，每风如飞”，当时谣谚有“男子头上蝴蝶飞”之说，以致被保守人士视为“服妖”。[❺]就襕衫而言，就是袖子极大。如万历末年，有一位秀才，“衣时样青襟，袖极其大”。[❻]可见，大袖为秀才时样襕衫的基本特点。就秀才便服的鞋子而言，就是鞋跟“务为浅薄，至拖曳而后成步”。[❼]时风所至，一旦有士人遵守礼制，仿照古代深衣样式而制作衣袂，反而被视为违背“今制”或“时之尚”而加以排斥。[❽]

3．服色之女性化

按照明代的服色制度规定，上自王公大夫，下至士庶人等，衣冠各有等差。可见，传统服色制度的最大特点就是内含伦理因素。衣服长短之式，男女异制：女服上衣齐腰，下裳接衣，被称为“地承天”。男服上衣覆裳，则被称为“天包地”。假若女衣掩裳，则被视为乱男女之辨，是一种“服妖”。[❾]明代的史实也证明，有士人身穿红色之衣，就会被士类所讥笑；有官员脚蹬红色之履上朝，就会被鸿胪寺官员纠正，甚至被

---

❶［明］李日华撰，赵杏根整理：《恬致堂集》卷十八《题周九贞印问》，上海：上海古籍出版社，2012年，第740～741页。

❷［明］吴从先著，闫荣霞评注：《小窗自纪》第69则，北京：北方联合出版传媒（集团）股份有限公司、万卷出版公司，2015年，第111页。

❸［清］叶梦珠：《阅世编》卷八《冠服》，上海：上海古籍出版社，1981年，第174页。

❹［明］俞弁：《山樵暇语》卷八，收入《四库全书存目丛书》，子部第152册，北京：中华书局，1995年，第58页。

❺［清］周广业：《循陔纂闻》卷四，载氏著，祝鸿熹、王国珍点校：《周广业笔记四种》上册，杭州：浙江古籍出版社，2019年，第141页。

❻［明］薛冈：《天爵堂文集笔余》卷二，载于《明史研究论丛》第5辑，南京：江苏古籍出版社，1991年，第341页。

❼［明］顾起元：《客座赘语》卷一《巾履》，北京：中华书局，1997年，第24页。

❽［清］张履祥：《杨园先生全集》卷十七《衣袂记》，北京：中华书局，2002年，第507页。

❾［明］霍韬：《渭厓文集》卷九《为定服式以正风化事》，收入《四库全书存目丛书》，集部第69册，北京：中华书局，1995年，第303页。

视为不符合朝仪。[1]

自明代中期以后，秀才服色已有趋于女性化的倾向，即男子服“朱裙画裤”，[2]习以为常。如嘉靖年间，士人身着“红履绯衣，则里阎衢路转眴而是”。[1]万历十一年（1583年），浙江提学道巡视湖州，发现“民生俱红丝束发，口脂面药”，[3]犹如妇人一般无异。换言之，秀才服“妇人红紫之服”，已成一时风尚。时人李乐改古诗一首，予以揭露。诗云：“昨日到城郭，归来泪满裳。遍地女衣者，尽是读书人。”[4]万历末年，南京士人之鞋履，其颜色日趋艳丽，红、紫、黄、绿各色皆有，甚至比妇女的衣饰还“加丽”。[5]至明末，即使如北方的开封府祥符县，亦是“伎女露髻巾网，全同男子；衿庶短衣修裙，遥疑妇人”。[6]可见，秀才服用女服也是蔚然成风。

三、从服色看秀才行为的转向

毫无疑问，一方面，服色之制的背后无不蕴涵着一个道理，人“服此而思其理，则邪僻之心无自而入”。[7]另一方面，服色之制又可规范人的行为，如衣冠伟博，其目的则在“庄其内而肃其外”；反之，若是身穿“一切简便短窄之衣”，则会导致行为“轻乖浮薄”。[8]进而言之，士人服色关乎“大体”。博带褒衣，固然属于儒者风度，然假如过分“长袖曳地”，同样有“近于舞衫之嫌”，至于“大幅迎风”，更是会被人误认为道流的“羽服”。鉴于此，士人服色，在褒衣博带之中，显然需要“裁置合式”，切忌过宽过长，尤其要戒除“服奇志淫”。[9]可见，衣服、冠履，貌似是一种日常生活的琐事，但在传统社会中又与个人的修身有莫大的关系。在明代的学校教育中，同样要求学生将冠巾、衣服、鞋袜收拾爱护，并使其洁净整齐，并视此为学生身体端正的首

---

[1]［明］黄凤翔著，林中和点校：《田亭草》卷二十《救时名实论》，第402页。

[2]［明］赵世显：《客窗随笔》卷二，载《赵氏连城》，收入《四库全书存目丛书》，子部第107册，北京：中华书局，1995年，第99页。

[3]［明］李乐：《见闻杂记》卷二，第167页。

[4]［明］李乐：《续见闻杂记》卷十，上海：上海古籍出版社，1986年，第817页。

[5]［明］顾起元：《客座赘语》卷一《巾履》，北京：中华书局，1997年，第24页。

[6]顺治《祥符县志》卷1《风俗》，载于中国科学院图书馆：《稀见中国地方志汇刊》，北京：中国书店，1992年，第34册，第24页。

[7]［明］吕柟：《泾野子内篇》卷十三《鹫峰东所语》，北京：中华书局，1992年，第121页。

[8]［明］薛瑄：《读书录》卷六《下篇》，太原：三晋出版社，2015年，中册，第805页。

[9]［明］吴从先著、闫荣霞评注：《小窗自纪》第101则，第166页。

要之务。如在明末，流传着下面一种说法："男子要三紧：头紧、腰紧、脚紧。"❶此说虽来源于宋儒朱熹，却同样为明代的士人所服膺。"头"指的头巾，未冠者称"总髻"（又作"总角"）；腰指的是以丝绦或带束腰；脚指的是下面的靴或鞋袜。这句话的意思是说，头、腰、脚三者必须紧束，不可宽慢，一旦宽慢，就会导致身体放肆不端正，甚至被人所轻贱。显然，服色的紧束还是宽慢，同样牵涉到行为的端正抑或放肆。

通观明代士风演变，正好与整个明代风俗的变迁合拍一致，大抵以成化、弘治为界，前后发生了根本性的变化：成、弘以前，士子均在学校肄业，循规蹈矩，士风端谨、宁静，一如"处子"；成、弘以后，士子游学成风，不在学校肄业，士风嚣张，游冶一如"妓女"。❷

按照传统的观念，秀才作为士大夫群体的一部分，理应成为庶民百姓的表率。兴教化，正风俗，"必自士习始"。❸明代社会变迁的事实一再证明，晚明的社会正趋于不断的变化之中，最终导致社会失序。对此，明人多有阐述，诸如王世贞与王锡爵书有云："近日风俗愈浇，健儿之能哗伍者，青衿之能卷堂者，山人之骂坐者，则上官即畏而奉之如骄子矣。"❹吕坤亦对晚明法度废弛、纪纲败坏深有感触，他说："今也在朝小臣藐大臣，在边军士轻主帅，在家子妇蔑父母，在学校弟子慢师，后进凌先进，在乡里卑幼轧尊长，惟贪肆是恣，不知礼法为何物。"❺吕坤有感于晚明的世道衰微，并将这种世道衰微概括为："卑幼贱微气高志肆而无上，子弟不知有父母，妇不知有舅姑，后进不知有先达，士民不知有官师，郎署不知有公卿，偏裨不知有主帅。"❻他将当时的天下之人比喻为"骄子"，认为"缙绅稍加综核，则曰苛刻；学校稍加严明，则曰寡恩；军士稍加敛戢，则曰凌虐；乡官稍加持正，则曰践踏"。❼刘宗周亦云："部民而叛官长，

---

❶［清］张履祥：《杨园先生全集》卷三十五《经正录·训学旧规·衣服冠履第一》中册，第967页。

❷关于成化、弘治前后，明代风俗所发生的种种变化，参见陈宝良：《悄悄散去的幕纱——明代文化历程新说》，西安：陕西人民教育出版社，1988年，第111～124页。

❸［清］王弘撰：《西归日札·劝士文》，载氏著、孙学功点校整理：《王弘撰集》，西安：西北大学出版社，2015年，下册，1065页。

❹［明］沈德符：《万历野获编》卷二十三《山人·山人愚妄》，北京：中华书局，2004年，中册，第587页。

❺［明］吕坤：《呻吟语》卷二《修身》，上海：上海古籍出版社，2001年，第132页。

❻［明］吕坤：《呻吟语》卷四《世运》，上海：上海古籍出版社，2001年，第215～216页。

❼［明］吕坤：《呻吟语》卷五《治道》，上海：上海古籍出版社，2001年，第276页。

青衿而抗师帅，仆奴而杀主翁，皆积渐之势也。"❶

明代中期以降，由于学官考核往往取决于"待士之声"，导致学官对秀才疏于管理，最终导致士风更趋嚣张，甚至转而变为好利而敢于为乱。如明人姜宝曾言，当时"生儒之无籍者，亦往往自同于群不逞之徒，或亦好利而敢于为乱"；❷当时的《规士文》亦对士风变化有如下揭示："少年恃其才学，藐视师长；霸者挺其刁悍，挟制有司。或小不忍而动大怒，轻递呈词；或一人事而约众人，同行嘱托。"❸随之而来者，则是一些秀才多不守士气、士节，却一味以傲气自高。正如明人所言："近日秀才不惟才高气傲，才不高者，亦气傲。小试不利，便骂督学；场屋不中，便骂试官，全不返己进修。"❹其结果，则导致士风销张，士多习为猖狂，甚至行为堕落。如明人顾起元云："今日才通句读，甫列黉校，前辈长官固已伛偻下之。至武弁之管卫所篆者，在衿裾视之，直以供唾涕而备践踏矣。"❺王丹丘《建业风俗记》亦记载，当时的"衣巾辈"即秀才，"徒诵诗文，而言谈之际，无异村巷"。❻明末大儒刘宗周的记载，更是揭示了当时士风已是变为游荡，甚至习为猖狂。他对士风士习有如下概括："戏动谑言，闲游好事者；观戏场，看龙舟、神会、妇女者；畜娼妓，博弈、赌钱、纵饮者；习市语，称绰号，造歌谣、传奇、小说者。"❼又说："后世礼教荡然，士多习为猖狂者，燕居则箕踞科头，群居则谑浪笑傲，以父子则嘻嘻不问坐与立，以兄弟则颉颃不问后与先也。"❽

士风嚣张的结果，势必导致士行肆无忌惮，进而养成以下两种秀才习气：一是轻浮子弟习气；二是无赖习气。

---

❶［清］刘宗周：《文编》《奏疏》《敬循职掌条例风纪之要以佐圣治疏》，载于吴光：《刘宗周全集》第3册，杭州：浙江古籍出版社，2007年，第186页。

❷［明］姜宝：《姜凤阿文集》卷十二《寄戚南塘》，收入《四库全书存目丛书》，集部第127册，北京：中华书局，1995年，第658页。

❸［明］《海瑞集》上编《规士文》，北京：中华书局，1981年，第20页；
［明］陈玉辉：《陈先生适适斋鉴须录》卷四《规士文》，收入《四库全书存目丛书》，集部第182册，北京：中华书局，1995年，第102～103页。

❹［明］李乐：《见闻杂记》卷六，上海：上海古籍出版社，1986年，第559页。

❺［明］顾起元：《客座赘语》卷二《前辈乡绅武弁》，北京：中华书局，1997年，第49页。

❻［明］顾起元：《客座赘语》卷五《建业风俗记》，北京：中华书局，1997年，第169页。

❼［清］刘宗周：《证人会约·约诫》，载于《刘宗周全集》第2册，杭州：浙江古籍出版社，2007年，第496～497页。

❽［清］刘宗周：《证人会约·约言》，载于《刘宗周全集》第2册，杭州：浙江古籍出版社，2007年，第490页。

1．轻浮子弟习气

明人李廷机曾对晚明以来士风变化有如下揭示：“今天下士骄惰成习，至于儒巾不戴，衣服不衷，教之不遵，禁之不止，盖士风之坏极矣。”❶“儒巾不戴，衣服不衷”，大抵已经可以证实，士风败坏已经开始向秀才服色渗透。

所谓轻浮子弟习气，即秀才身着奇装异服，口说市井俚语，见人一副轻浮样儿，喜欢讨人的便宜。西周生所著《醒世姻缘传》为此提供了详尽的佐证：小说记载秀才戴的是蹊跷古怪的巾帽，不知是什么式样，什么名色。一个十八九岁的后生，戴一翠蓝绉纱嵌金线的云长巾，穿了一领鹅黄纱道袍，大红缎猪嘴鞋；有时穿一领高丽纸面红杭绸里子的道袍，那道袍的身倒只打在膝盖上，那两只大袖倒拖到脚面。口里说的不知是哪里的俚言市语，也不管是什么父兄叔伯，也不管是什么舅舅外公，动不动把一个大指合那中指在人前搣一搣，口说:“哟，我儿的哥呵！”这句话相习成风。❷文中之“搣”，即北京话中的“响榧子”。见人打响榧子，显然是一种对人戏弄、开玩笑的动作，是行为轻佻的表现。见尊长而口称“我儿的哥”，则是目无尊长，讨人便宜。

2．无赖习气

晚明士风恶薄，秀才稍不得志于有司及乡官，就“群聚而侮辱之”，或造为歌谣，或编为传奇，或摘《四书》语为时义，极尽中伤他人之术。在明末，曾流传着这样的笑话，凡是市井闾阎间有人互相争斗，动辄曰：“我雇秀打汝！”❸秀才本应温文尔雅，却被人雇去充作打手，一脸凶相，士风至此，已是可想而知。在明末，确实存在着一些学霸，武断乡曲，不畏强御。不仅如此，秀才还与访行、衙蠹相结交，“尊访行为父母，结衙蠹为前辈，投刺或书，辱爱通名，必曰晚生。”❹其实，访行就是一些无赖团体，而衙蠹亦均由无赖组成。❺显然，明季秀才已与无赖、衙蠹沆瀣一气。而事实上，地方上的无赖为了扩大自己的声势，也需要得衣冠之助。❻秀才与无赖相结交，虽为一

❶［明］李廷机著，于英丽点校:《李文节集》卷一《陈礼法以范始进疏》，上册，北京：商务印书馆，2019年，第21页。

❷［清］西周生:《醒世姻缘传》第二十六回，上海：上海古籍出版社，1985年，第381页。

❸［明］伍袁萃:《林居漫录》卷三，明万历间古吴袁氏原刊本。

❹《虞谐志》,《劣衿传》第六，载于《虞阳说苑》乙编，第17a ～b页。

❺关于访行、衙蠹，可参见陈宝良:《中国流氓史》，北京：中国社会科学出版社，1993年，第171～180页。

❻秀才与无赖的相互关系，可参见崇祯《乌程县志》卷四《风俗》，载《稀见中国地方志汇刊》，第16册，第905页。

种互相依赖、需要的关系，但无疑亦是士行堕落的一种反映。

一至明季，士气日骄，士行更趋堕落。秀才到处惹事，被人称作"蓝袍大王"。明人管志道指出：明代士风凡三变，其最后一变即士有"蓝袍大王"之号。他记道：

> 余既归田以后，而吾乡申（指申时行——引者）、王（指王锡爵——引者）二公，与兰溪赵公（指赵志皋——引者），相继当国。吴越之间，士既隐然若有所挟，而有司亦退然若有所避，于是为人上者，不贵士而下士，不贱士而畏士，士气日骄，浸不可制。其中贤不肖异流，如龙蛇之混渊谷，贤者无党，而不肖者多党。一呼则数十成群，强府县以理处法外所不可从之事。稍拂其意，则攘臂奋袂，哄然而起，提调官莫敢谁何。于是，"蓝袍大王"之号兴，而贤者却为不肖者所累矣。[1]

赵南星也将秀才视为"蓝袍大王"。[2]蓝袍者，青衿、襕衫也，为秀才所着之服。所谓大王，有下面两层意思：一是指各色庙中称呼不一的大王神像。在中国民间，一般将神道称为"大王"，如黄河之神有"金龙四大王"，而民间则称之为"大王老爷"。[3]二是指占山为王的山大王，即指那些绿林土匪山大王。如正德十一年（1516年）五月十九日，忽有贼首徐九龄等，打出"江西无敌大王"旗号，"突入醴源，鸣锣放铳，呐喊哨聚"。[4]可见，大王就是拦路抢劫的"强徒"，也就是落草为寇之人。

明代秀才服色的本义在于通过外在的衣冠样式，以使行为与道德趋于合一，进而彰显秀才是读书识礼的斯文人。秀才有"蓝袍大王"之号，身穿蓝袍，行如"大王"，这无疑是服色与行为之间的异化，其结果则造成秀才不再是温文尔雅的"蓝袍先生"，而是形同无赖一般。

---

❶［明］管志道：《从先维俗议》卷二《崇礼让以挽士风议》，《太昆先哲遗书》影印明刊本，第97～98页。

❷赵南星曰："近来一二贵人每欲沙汰生员，殊为不近人情，恐激成'蓝袍大王'之变。"说具［明］赵南星：《笑赞》卷三十七《儒士》，载于《明清笑话四种》，北京：人民文学出版社，1983年，第17页。

❸［清］刘廷玑：《在园杂志》卷三《老爷奶奶》，北京：中华书局，2005年，第122页。

❹［明］王琼撰，张志江点校：《晋溪本兵敷奏》卷十一《江西类·为剿平巨寇捷音事》，上海：上海古籍出版社，2018年，第390页。

余论

明清易代，清初统治者有鉴于晚明的实况。一方面，在科举三场策论中禁止“言时事”，❶另一方面，则朝廷公开禁止士子结社，❷再加之清初科场、奏销二案，❸士大夫（尤其是江南）元气大伤，秀才行为暂时趋于隐匿。其结果，则导致秀才服色有以下两大变化之势：一是清初秀才的穿戴已不再是方巾大袖，雍容儒雅，而是多戴平头小帽，“以自晦匿”，❹秀才这一群体的声势也随之销声匿迹。二是自清代中期以后，秀才服色与行为再次发生变化，明代已经出现的“蓝袍大王”之号，转而变为“破靴党”。据史料记载，嘉庆年间，浙江宁波府属鄞县、慈溪两学秀才，结成“破靴党”，包揽地方词讼，“婪索扰累，挟制官长，甚至有动从劫掠，棍械伤人情事”。❺

“破靴”一称，即秀才脚蹬“破靴”，足以证明清代下层士人的贫困化倾向。而秀才结党的出现，甚至“动从劫掠”的行为，更是证明秀才不但有玷士林，而且其行为与无赖如出一辙。至于从“蓝袍大王”向“破靴党”的内在变迁理路，则无疑有待于做更为深入的探讨。

陈宝良，西南大学历史文化学院，教授，博士

---

❶［清］张海珊：《送张少渊试礼部序》，载于［清］贺长龄、魏源等编：《清经世文编》卷二，北京：中华书局，1992年，第80页。

❷ 谢国桢：《明清之际党社运动考》，北京：中华书局，1982年，第205～207页。

❸ 关于科场、奏销二案，具体考述可参见孟森：《科场案》《奏销案》二文，参见氏著：《明清史论著集刊》，北京：中华书局，1984年，第391～452页。

❹［清］佚名：《研堂见闻杂记》，上海：上海书店，1982年，第268～269页。

❺《清仁宗实录》卷三五四，嘉庆二十年二月丁卯条。